HENRI WELSCHINGER

DE L'INSTITUT DE FRANCE

LA MENDICITÉ ALLEMANDE AUX TUILERIES

1852-1870

AVEC UNE LISTE ALPHABÉTIQUE

DES QUÉMANDEURS ALLEMANDS

BERGER-LEVRAULT, ÉDITEURS

PARIS | NANCY

5-7, RUE DES BEAUX-ARTS | RUE DES GLACIS, 18

1917

Prix : 1 franc.

LA MENDICITÉ ALLEMANDE

AUX TUILERIES

DU MÊME AUTEUR

La Protestation de l'Alsace-Lorraine, *les 17 février et 1er mars 1871, à Bordeaux.* — 1914. Un volume grand in-8, avec 1 planche, 2 fac-similés et la carte des exigences de la Prusse . . . . . **1 fr.**

(*Berger-Levrault, Editeurs.*)

HENRI WELSCHINGER

DE L'INSTITUT DE FRANCE

LA MENDICITÉ ALLEMANDE AUX TUILERIES

1852-1870

AVEC UNE LISTE ALPHABÉTIQUE

DES QUÉMANDEURS ALLEMANDS

BERGER-LEVRAULT, ÉDITEURS

PARIS | NANCY

5-7, RUE DES BEAUX-ARTS | RUE DES GLACIS, 18

1917

AVANT-PROPOS

En toute occasion, et pendant cette guerre plus encore qu'en d'autres circonstances, les Allemands se sont vantés de leur culture raffinée, de leurs mérites, de leurs qualités, de leurs vertus. Eux seuls ont de l'intelligence, de l'honneur, de la délicatesse, de la fierté, de l'indépendance, de la grandeur d'âme. Ils méprisent les autres peuples qui ont, disent-ils, l'intelligence étroite, l'âme basse et sont faits pour la servitude. Les savants, les littérateurs et les artistes, les pasteurs, les officiers, les députés et les conseillers, les hobereaux, les bourgeois et les étudiants, tous les grands et petits personnages de l'Allemagne n'ont que le plus insolent dédain pour les courtisans, les solliciteurs, les mendiants, les faméliques, les tristes esclaves, honte et déshonneur suprêmes de toutes les races qui ne sont pas allemandes.

Est-ce que le fameux Mommsen, l'ancien courtisan de Napoléon, le familier des Tuileries, n'a pas osé nous traiter « de peuple vantard, ennemi de la liberté des autres et allant de la blague au désespoir »? N'a-t-il pas raillé la culture et l'esprit français dans sa lourde Histoire romaine, *et n'a-t-il pas affirmé qu'aux races germaniques seules appartenaient le prestige de la science, le sentiment de la poésie et le génie des arts?... La Prusse, suivant lui, n'a-t-elle pas rempli une mission providentielle, tandis que la France ne pensait « qu'à soumettre le monde au demi-monde »? Cet austère et pudique Allemand n'a-t-il pas comparé Paris à l'antique et impure Babylone, oubliant que Berlin a des tripots et des maisons interlopes par milliers, et le* Thiergarten, *dont le* Bædeker *conseillait aux touristes d'éviter, le soir, les dangereux et scandaleux abords?*

Si l'on oppose à bon droit aux Allemands leurs défauts, leurs tares et leurs vices, ils se récrient. Ils qualifient les faits les plus notoires de calomnies infâmes et défient leurs accusateurs de donner des preuves formelles de leur bassesse et de leur servilisme.

Or, sans remonter bien loin, il me suffira, sur ce point, — et pour en fournir une démonstration péremptoire, — de rappeler les requêtes, instances et supplications que les Allemands ont, sous Napoléon III, de 1852 à 1870, adressées aux Tuileries. S'il m'avait été permis de faire le relevé complet de ces quémanderies et de ces sollicitations misérables, provenant des individus les plus simples comme des plus hautes personnalités, il m'eût fallu deux ou trois cents pages au moins. Je me suis contenté de donner un résumé de toutes ces platitudes et de toutes ces génuflexions.

A ceux qui objecteraient que toutes les Cours européennes sont assaillies de pareilles demandes de faveurs et de secours, il est facile de répondre que la Cour de Napoléon III, dénoncée par les Allemands comme une Cour méprisable, avait été cependant sollicitée, durant dix-huit années, aussi bien par les critiques les plus sévères et les docteurs les plus rigides que par les plus petits personnages de l'Allemagne. Le savant Mommsen avait fait école, et ses congénères s'étaient, à son exemple, conduits comme des cuistres.

On verra, après cette lecture, si la fameuse devise Deutschland über Alles *peut être encore justifiée, et si la culture allemande est vraiment une école d'indépendance et de dignité.*

H. W.

INTRODUCTION

Le 21 octobre 1870, le comte de Bismarck posait à M. Rameau, maire de Versailles, cette question :

— Connaissez-vous les documents trouvés aux Tuileries ?

— Non, car vous savez que nous sommes au secret depuis plus d'un mois.

— Ces documents sont très curieux. Il y a là des coryphées du parti démocratique qui sont un peu compromis. Il faudra que je fasse paraître cela dans notre petit journal, *Le Nouvelliste de Versailles*...

Ce journal, qui servait, pendant la guerre, de *Moniteur officiel* à la préfecture allemande de Seine-et-Oise, avait paru le 15 octobre sous les auspices du préfet allemand, M. de Brauchitsch. Il publia de nombreux extraits des *Papiers des Tuileries* en guise de « Variétés ». Mais il est à remarquer qu'il ne donna que les textes favorables aux desseins de la Prusse, et se garda bien de révéler aux lecteurs ce qui devait être désagréable à l'Allemagne. Or, c'est cette partie négligée que je veux étudier aujourd'hui.

En ces temps de vertu allemande, il me paraît bon de rappeler aux Prussiens ce qu'ils ont volontairement oublié. On verra jusqu'à quel point ces hommes intègres, indépendants, désintéressés, ont sollicité servilement les faveurs impériales. Depuis les plus hauts personnages et les savants les plus illustres jusqu'à des êtres infimes, tous frappaient à la porte des Tuileries, sollicitant de l'or, des titres ou des faveurs. Jamais publication n'aura été plus utile pour rabaisser la morgue et l'orgueil de nos ennemis.

C'est par André Lavertujon, secrétaire de la Commission nommée le 4 septembre 1870 et ancien sénateur, que j'ai connu ces pièces, dont Henri Bordier, ancien bibliothécaire de la Bibliothèque nationale, avait le premier formé un dossier important, édité chez Beauvais à Paris, en 1872 [1].

Les dossiers contenaient plus de 2.000 lettres, sans compter celles qui ont disparu dans l'incendie des Tuileries, et celles qui peuvent se trouver encore aux Affaires étrangères ou dans les Archives de chancellerie qui en dépendent. M. Bordier se

---

(1) *L'Allemagne aux Tuileries de 1850 à 1870 ;* collection de documents tirés du cabinet de l'Empereur, recueillis et analysés par Henri Bordier, avocat et paléographe, bibliothécaire honoraire à la Bibliothèque nationale, ancien archiviste aux Archives de l'Empire. In-8.

félicitait d'offrir en bloc aux chercheurs et aux philosophes une abondante moisson d'éléments psychologiques sur l'Allemagne contemporaine. Il leur laissait le soin de les analyser, de les critiquer, d'en tirer parti ; mais je puis affirmer, — si étonnant que cela soit, — que ces documents, publiés en dehors de l'édition officielle, passèrent presque inaperçus.

Je voudrais bien savoir si l'on pourrait trouver aux Archives de Berlin, impériales et royales, des lettres similaires de nos compatriotes qui, la main tendue pour réclamer de l'or et des faveurs, se seraient prosternés devant le roi de Prusse ou l'Empereur allemand?... Si elles y étaient, il y a longtemps qu'elles seraient publiées. J'ai mis en œuvre avec soin les documents que nous devons aux recherches de Bordier et André Lavertujon, et l'on verra ce qu'il faut penser des affirmations audacieuses de M. de Bismarck qui, le 7 décembre 1871, déclarait que le sentiment de la justice était éteint en France, tandis que celui du droit et de l'honneur restait incarné dans l'âme du peuple allemand (1).

(1) Cette étude a paru pour la plus grande partie dans la *Revue des Deux Mondes* du 1er juin 1916.

LA MENDICITÉ ALLEMANDE

AUX TUILERIES

Commençons immédiatement notre étude par les petits quémandeurs ; puis nous continuerons par ceux qui appartiennent à des classes plus élevées, et enfin nous arriverons aux sommités allemandes, comme bouquet de ce véritable feu d'artifice.

Et d'abord, voyons les inventeurs. Ceux-ci sont légion. Combien s'adressent à Napoléon III pour lui expliquer leurs systèmes, implorer ses critiques, demander des audiences et finalement son appui, et surtout de l'argent ! Combien lui écrivent pour lui soumettre des idées nouvelles sur les canons et les fusils, les projectiles, les lance-feux, le coulage des balles, les fusées incendiaires, l'utilisation des miroirs d'Archimède, de nouveaux explosifs, la mesure des distances en matière d'artillerie, la manière de faire sauter les villes à l'aide du gaz, le perfectionnement du fusil à aiguille, les incendies provoqués à longue distance !... Ainsi, *Semmel-*

maier, d'Augsbourg, offre à l'Empereur un nouveau projectile, à l'aide duquel on pourrait porter la destruction la plus certaine sur n'importe quel point. Il ne s'expliquera entièrement à ce sujet qu'avec l'acquiescement de Sa Majesté et une somme nécessaire pour expérimenter ses découvertes en grand. S'il réussissait, « ses prétentions s'élèveraient à une récompense de 3 millions de florins ».

Braun und Söhne, fabricants d'acier, à Schöndorf, envoient une cuirasse d'acier et une visière-blindage pour les canons se chargeant par la culasse, en réclamant les commandes du Gouvernement français de 1861 à 1866. — Le baron ***von Goeler***, de Ravensburg, présente un système de canon monstre avec un obus qui éclate au moindre choc et produit autant d'effet que plusieurs centaines de kilos de poudre. — Otto ***von Grahl***, de Wülssdorf, fait hommage d'un livre [1] dans lequel il propose un nouveau canon, — système Lenk, — qui se tire avec le coton-poudre. Mais, obéré momentanément pour avoir secouru des amis, il sollicite un secours de 4.000 francs et rappelle que son père est un ancien médaillé de Sainte-Hélène.

---

(1) *Das gezogene Schiesswoll-, Feld- und Gebirgsgeschütz, nach Lenk's System*, par A. Rutzky et Otto von Grahl. Vienne et Leipzig, 1862.

Le graveur Auguste ***Grimmer***, à Pforzheim, a inventé une machine de guerre qui permettra à Napoléon de détruire la puissance russe, de même que les Romains avec leurs éléphants ont vaincu tous les peuples. Il rappelle la proposition, faite par lui-même, d'une sorte de locomobile militaire pour opérer sur les terrains raboteux. L'auteur de l'invention a vainement cherché à l'exploiter en Allemagne ; il pense, à présent, qu'on pourrait l'utiliser au Mexique. En tout cas, il demandera un peu d'argent, si on le fait venir à Paris (mars 1863).

Le Dr ***Hahn***, chimiste, propose une nouvelle poudre de guerre et exprime sa douleur de voir une telle invention rejetée après les expériences. « Étant étranger, avoue-t-il, je serais perdu, si le cœur noble et bienveillant de Votre Majesté ne m'inspirait pas le courage d'implorer votre grâce et de prier très humblement que Votre Majesté veuille daigner m'accorder un secours pour poursuivre mon but et retourner dans mon pays. » Il se contentera de 200 francs.

D'autres proposent des inventions nouvelles pour la Marine, des hélices, des gouvernails, des blindages perfectionnés. L'un d'eux, ancien oberlieutenant prussien, Philippe ***Krüger***, est venu de Silésie à Paris pour exhiber une lunette marine qui indique instantanément la distance à laquelle se trouve un objet éloigné. Il s'excuse de ne pouvoir se présenter à l'audience, parce qu'il est malade. Il envoie sa photographie et y ajoute ces mots : « Monsieur le chef du Cabinet. — *Aide-toi, le ciel t'aidera*... Ce sont ces mots qui forcent le soussigné de vous attaquer par les lignes suivantes. C'est hardi, naturellement ; mais je serais si heureux de pouvoir peindre clairement ma situation ! Cela est difficile, car il n'est pas convenable d'écrire si longuement à de hautes personnes en mauvais français. Je n'étais pas préparé à un tel long séjour à Paris et, pour la première fois de ma vie, j'avais faim. Les sacrifices de ma noble sœur m'ont sauvé jusqu'ici. » Il ne se plaint cependant pas des difficultés qu'on lui oppose. « Le ministère français n'est pas obligé de faire parfaite une invention imparfaite, notamment pour un étranger... Si je m'adresse à vous, c'est parce que je sais que vous êtes un homme d'esprit qui ne vit pas pour son plaisir seulement. Aussi, j'ai fait une enquête sur votre personne et ce que je dis est très franc. On m'a dit des deux parties le même mot : « C'est un « brave homme. » Parce que nous avons en allemand l'expression *braver Mann*, j'ai lieu de croire que c'est la chose dont j'ai besoin. » En fin de compte, il reçoit et accepte 50 francs.

Combien lui succèdent et qui offrent de précieuses

découvertes pour ferrer les chevaux, tripler les produits agricoles, augmenter la rapidité du tannage, clarifier l'eau, conserver la viande, sauver les vers à soie, fabriquer de la glace, faciliter la navigation aérienne, former une nouvelle pile voltaïque et un moteur à mouvement perpétuel !... Et c'est toujours la même antienne : des secours ou des fonds immédiats pour réaliser tous ces prodiges !

C'est à qui s'ingéniera ensuite en Allemagne à guérir l'Empereur, dès qu'on apprend qu'une maladie quelconque l'a frappé. L'un propose des bains aromatiques aux feuilles de pin, aux feuilles de ronces, à la camomille et même aux œufs de fourmi ; l'autre, la fleur de soufre, le savon blanc, la morphine ; celui-ci le vin d'Ahr, celui-là un régime de grogs, et enfin des moyens magiques. Est-ce tout ? Non. L'imagination allemande est plus étendue qu'on ne le croirait. Des limaçons en poudre, du raifort pilé, des gouttes de Harlem, des frictions de pétrole, que sais-je ?... On veut guérir à tout prix le malheureux souverain du rhume, du mal d'estomac, des douleurs de jambe, de la goutte, de la pierre, du diabète, du choléra, des maladies de cœur, de la sciatique et d'une foule d'horreurs dont il n'était, heureusement pour lui, pas affligé.

Voici l'une des plus étonnantes requêtes. Elle est

du sieur ***Damet-Vogel,*** de Kleinrückerswalde. Elle est datée du 26 septembre 1869. L'auteur prend la liberté « d'informer Sa Majesté qu'il a été favorisé d'un rêve tel qu'il doit l'écrire afin de mettre sa conscience en repos : *Veranlassung dazu giebt mein Gewissen zu beruhigen...* ». Dans ce rêve, il a été conduit, à travers des arcs de triomphe et des palais, jusqu'à la chambre du monarque. Un ami, auquel il en a fait la confidence, y a vu un avertissement du Ciel et lui a dit : « Toi, l'homme de la magie et de la sympathie, c'est Dieu qui te désigne évidemment pour la guérison des maladies incurables, et, comme les journaux venaient d'annoncer que l'empereur Napoléon est malade, c'est manifestement toi qui dois le guérir. » De là cette lettre... Elle contient les prescriptions suivantes : « 1° Daigne Votre Majesté écrire le nom de son défunt père ; 2° celui qui lui est propre ; 3° envoyer une chemise sale portée par elle ; 4° faire une collection de rognures de cheveux, de poils et ongles, de toutes les parties du corps, envelopper le tout dans une sorte de saucisse ; 5° appeler un chirurgien et faire extraire du pied quelques gouttes de sang, trois ou quatre, et en imbiber le linge en dessus ; 6° à partir de ce moment, garder sans faute la première urine et précieusement l'introduire dans la vessie d'un porc récemment tué et la suspendre ainsi dans une cheminée pendant deux mois. Enfin, enterrer le tout ensemble dans un fumier. » Et, ravi de sa trouvaille, Vogel prophétise : « Le remède est souverain !... »

Je néglige encore les onguents particuliers, les bains sulfureux, les eaux minérales de Kœnigsdorf, Schwalbach, Burtscheid, Gastein, Wildungen, Franzensberg et autres, les fluides magnétiques, les spécifiques *Antirheuma,* etc. Des centaines de médecins, carabins, apothicaires, rebouteux, empiriques et charlatans tudesques croyaient pouvoir s'adresser en toute liberté à la naïveté et à la bourse de l'Empereur. C'était à qui offrirait des tisanes, des potions, des toniques, des philtres et des dictames ! Rien de plus drôle que ces lettres, écrites généralement dans le style des Diafoirus de Molière !

Vient ensuite la séquelle des vendeurs de dessins, tableaux, sculptures, objets d'art variés, collections d'antiquités, pianos, harpes, bijoux, bois de lit chinois, papiers rares, manuscrits autographes, bois de chevreuils, animaux empaillés, crocodiles, défenses de rhinocéros et d'éléphants, etc.

Ce n'est pas tout. On s'adresse à l'Empereur lui-même et on cherche à obtenir ses faveurs en le louant d'abord dans son oncle sublime, puis dans sa propre personne.

Le sculpteur prussien ***Hartung***, qui a exécuté un important groupe en marbre pour une place publique de Coblentz, sa ville natale, et un *Philoctète,* dit que sa composition du héros grec a reporté sa pensée vers un héros plus grand des temps modernes et lui a fait concevoir un groupe de « Napoléon Ier à Sainte-Hélène ». Les suffrages du roi de Prusse et de l'illustre Alexandre de Humboldt lui ont inspiré le plus vif désir de soumettre son œuvre au digne successeur de Napoléon le Grand. « Personne, en effet, écrit-il, ne pouvait s'identifier mieux avec la noblesse, la hauteur de vues et les sublimes pensées de votre oncle que Votre Majesté. Mon vœu le plus ardent a été d'être admis à l'insigne honneur de déposer mon travail au pied de son trône. Votre jugement seul, Sire, sera ma suprême loi, soit qu'il condamne ma tentative comme au-dessous de la hauteur de mon sujet, soit qu'il l'approuve comme digne de traduire dans le marbre et le bronze la sublime grandeur de Napoléon enchaîné sur un rocher au milieu de l'Océan ! » Le sculpteur Hartung obtint une audience le 9 janvier 1853, mais le groupe projeté ne lui fut pas commandé.

Théodore ***Hilgard*** [1], de Heidelberg, offre à

---

(1) Th. HILGARD, *Die hundert Tage. Epos.* Stuttgart, 1868.

l'Empereur un poème allemand sur les Cent-Jours. « En composant cette épopée des Cent-Jours, dit-il, je me suis senti inspiré non seulement par la grandeur sans égale du sujet que je considère comme le plus sublime et le plus tragique que l'histoire puisse offrir à la poésie épique, mais encore par le désir de rendre pleinement justice à tous les beaux traits du génie et du cœur de Napoléon Ier, et de combattre ainsi les préjugés aussi funestes que fortement enracinés chez la plupart de mes compatriotes contre ce grand homme et son illustre dynastie. »

Le Dr ***Kirsch***, de Wiesbaden, envoie deux exemplaires de son poème, *Eine Epheuranke zur Sæcularfeier Napoleons*, comme témoignage de sa vénération à l'occasion de l'anniversaire de la naissance de Napoléon Ier, et le Dr ***Herz*** y ajoute force notes laudatives. — Joseph ***Marchener***, journaliste à Ratisbonne, présente à l'Empereur le croquis de l'emplacement où s'arrêta Napoléon Ier quand il fut blessé à Ratisbonne, et demande un secours de 107 francs. On lui accorda 200 francs en 1867. — Le major ***Niedermeyer*** dit qu'il est propriétaire de la colline Napoleonshöhe, où Napoléon fut blessé le 25 avril 1809. Il a fait relever la pierre où s'était assis l'Empereur et planter trois érables autour. Dans le cas où Napoléon III voudrait faire ériger un monument en ce lieu, il met la colline à sa disposition. On remercia le major et on refusa.

Sophie **von Rauchgienegger**, née von Speth, offre à l'Empereur sa brochure, *La Papauté et l'Empire,* et lui écrit pour le supplier de la lire et de ne pas se laisser effrayer par le titre de cet écrit fondé sur des principes inattaquables et sur des points vraiment importants pour la haute dynastie de l'Empereur. « *Es ist im Interesse Ihrer hohen Dynastie...* »

J'arrive maintenant à une demande émouvante, provenant de la fille de l'infortuné Palm, le libraire de Nuremberg, qui fut, sur l'ordre de Napoléon Ier, fusillé en 1806 pour avoir vendu un ouvrage intitulé : *L'Allemagne profondément outragée... Deutschland im seiner tiefsten Schmach*. Cette malheureuse exposait que son père n'avait pas imprimé le livre et qu'il en ignorait le contenu. Elle disait que cette mort injuste avait jeté sa famille dans la misère ; que son mari, fabricant de bronze, était venu à Paris et n'y avait pu trouver les ressources nécessaires, et elle les implorait en ces termes : « Votre Majesté Impériale, vous qui avez pris possession du glaive et du pouvoir de Dieu pour la punition des méchants et l'encouragement des bons, pour l'assistance des opprimés et des nécessiteux, dans ce cas d'une pauvre femme durement frappée par le Seigneur, permettez que l'esprit de justice s'étende bien au delà du terme d'une génération et veuillez, de grâce, protéger cette femme pour l'arrangement des affaires qui l'intéressent et le commencement d'une vie délivrée de toute peine. »

Sophie **Lechner**, née Palm, reçut un secours de 500 francs. Je reconnais que cela est bien modique et que, dans l'espèce, elle méritait davantage.

*
* *

Viennent ensuite les vers et poèmes écrits en l'honneur de Napoléon le Grand ; ils sont nombreux. Celui de **Harnisch**, premier lieutenant à Neisse, se dit l'interprète des sentiments de plusieurs millions d'habitants, et l'auteur dépose aux pieds de l'Empereur un poème intitulé *Protection* et un volume de poésies où il est question de son oncle illustre... « *Wo von Ihrem Grossen Onkel spricht.* »

Le libraire **Meyer**, de Hambourg, fait hommage d'un ouvrage intitulé *Les Hauts Faits de Napoléon* et ne demande rien. Aussi, reçoit-il ce mot favorable : « Sa Majesté me charge de vous faire savoir qu'elle a été sensible à cette marque de votre dévouement et je vous envoie par ses ordres, comme témoignage de sa bienveillance, une médaille d'or à son effigie. » (Février 1854.)

Le baron ***Plessen von Tiesenhausen,*** de Stuttgart, présente un poème intitulé *Patkul* et sollicite l'autorisation de dédier à l'Empereur un autre poème qui portera pour titre : *La Mort de Napoléon*. L'Empereur fait remercier l'auteur et refuse la dédicace.

Le Dr Carl ***Vogt*** (1), de Munich, fait hommage à l'Empereur de plusieurs poèmes sur Napoléon Ier et Joséphine, et ajoute : « Le manque de moyens pécuniaires, parce qu'il est aveugle et paralysé du bras droit, est cause qu'il ne peut envoyer à Sa Haute Majesté Impériale tous ses ouvrages imprimés. » Il sollicite, mais en vain, un secours.

Certaines demandes sont motivées par leurs auteurs sur des faits bien singuliers. Celui-ci se recommande à la générosité de l'Empereur, parce qu'il a vu son oncle; celui-là, parce qu'il lui a porté une dépêche; l'un, parce qu'il lui a repassé un rasoir; l'autre, parce qu'il l'a rencontré à l'auberge du Bonnet-Blanc, à Leipzig. Les détenteurs d'objets ayant appartenu au Grand Empereur sont légion. Ils offrent sa montre, son couvert, une tasse, une bague, une épingle, une tabatière, un essuie-main,

(1) Avec lequel il ne faut pas confondre son homonyme Charles Vogt (1817-1898), le grand naturaliste allemand, républicain passionné, qui jusqu'à sa mort fut un ami sincère de la France.

un portefeuille, un nécessaire de toilette, le traîneau de la retraite de Russie, une lampe, un verre, des autographes, etc.

Le pharmacien Friedrich ***Julling***, de Münster, qui a écrit un drame intéressant sur William Penn, demande une audience impériale à titre sympathique, car il est tombé du haut d'un tilleul, le 5 mai 1821, à 6 heures du soir, au moment où mourait Napoléon Ier. Mais une telle chute n'a pu émouvoir l'impérial neveu.

Quant à Napoléon III lui-même, il est l'objet d'adulations interminables. Ce sont des vers sur son jour de naissance, des traits inoubliables de sa prime jeunesse, des compliments sur tout et à propos de tout. Il est, pour les Allemands enthousiasmés, « le prince le plus bienveillant de l'Humanité, le héros *invictissimus,* le monarque sublime, le plus grand prince de l'univers, l'arbitre du monde connu, l'homme le plus célèbre de l'Europe, le bras puissant élevé par Dieu pour la protection de l'Empire franco-atlantique, l'écrivain illustre et génial, le magnanime protecteur des sciences, des lettres et des arts, le maître de la civilisation, l'esprit doué d'une sagesse magnanime et créatrice, l'auteur d'exploits incomparables et féconds pour le genre humain, l'étoile du bonheur, la lumière plus brillante que le diamant, le bouclier de l'ordre, l'âme essentielle du monde civilisé, la main puissante vers laquelle les nations tournent leurs regards et leurs espérances, le bienfaiteur de la France et du monde, le chef donné à son pays par la main divine, le grand Empereur du grand Peuple qui parle la langue la plus élégante de la terre, l'auteur d'une politique grandiose et divinatoire, l'homme de jugement, d'esprit cultivé, de génie et de science sans pareil, celui pour lequel on éprouve autant de sympathie que d'admiration ; l'Humanité personnifiée tenant le trône et le sceptre, le Génie créé pour assurer le bonheur du peuple le plus noble et le plus glorieux de l'univers, le monarque le plus éclairé et le plus magnanime, le prince rempli de bénédictions divines, le père de l'Europe, l'homme immortel, le directeur des destins du monde civilisé », et j'en passe !... Tout cela exprimé dans des phrases amphigouriques, des éloges et compliments qui valent leur pesant d'or, si l'on en croit ces courtisans !

La sollicitation, la quémanderie, la mendicité allemandes se portent sur tout et utilisent tout pour arriver à leur but, c'est-à-dire pour obtenir des honneurs, des avantages, des titres et de l'argent. Toutes les classes de la société font l'assaut des Tuileries. Des tailleurs, des aubergistes, des musiciens, des peintres, des armuriers, des calligraphes, des chambellans, des directeurs de cirques, des coiffeurs, des conseillers auliques, des conseillers de gouvernement, des consuls, des dentistes, des médecins, des chirurgiens, des docteurs de toutes les sciences, — et Dieu sait s'il y en a en Allemagne *in nostro docto corpore!* — des ébénistes, des céramistes, des inspecteurs et des commissaires, des écrivains et des journalistes, des fabricants, des industriels, des commerçants, des fonctionnaires de tous les acabits, des fumeurs et des priseurs, des imprimeurs, des instituteurs, des jardiniers, des astronomes, des poètes, des juges, des libraires, des négociants, des barbiers, des brocanteurs et des gens de tous métiers, forgerons, pâtissiers, maçons, rémouleurs, menuisiers, tonneliers, relieurs, selliers, potiers, chapeliers, vétérinaires, tous sollicitent l'Empereur ou son chef de cabinet ou son secrétaire. C'est une bande, une troupe, une légion, une foule qui se renouvelle sans cesse, les mains crochues et les dents longues.

Il y a des solliciteurs qui envoient leurs portraits à l'Empereur et demandent le sien en échange ou celui de la chère famille impériale. Quant au petit Prince, il est, lui aussi, assailli de compliments et de sollicitations ou de présents. On lui envoie force poèmes sur sa naissance, son baptême et sa première Communion. On lui offre des broderies, un ruban de cou, une grammaire, des bonbons, des pains d'épice, une boîte de soldats de plomb, une petite chaise, une paire de bottes, une Bible hébraïque imprimée à Amsterdam en 1723, formant quatre volumes de grandeur colossale, reliés en bois et en cuir et du *poids de 100 kilos* (1). Que ne ferait-on pas pour l'enfant de France, le fils de France, le roi d'Algérie, le prince de la Paix ! On prodigue aussi les conseils et les remèdes pour sa chère santé, un emplâtre indien, de l'eau contre les scrofules et des spécifiques secrets merveilleux.

Les suppliques sont aussi nombreuses, demandes de subventions, de secours particuliers, etc.

Les anciens condisciples du gymnase Sainte-Anne d'Augsbourg assaillent à leur tour l'Empereur. Le chirurgien ***Dodelbauer,*** — le curé ***Filser,*** — le Dr ***Hoff,*** — les sieurs ***Kiderle,*** — ***Kolle,*** — ***Hoffmann,*** — ***Prazer,*** — ***Wolf*** envoient leurs compliments en prose et en vers.

Franck, de Wurzbourg, qui se dit un très pauvre diable (*ganz armer Schlucker*), condamne les vues fausses de l'Allemagne sur le Gouvernement fran-

---

(1) Ces présents ont bien la forme du goût allemand. Ainsi, je me rappelle avoir vu, au cent cinquantième anniversaire de Goethe, à Francfort, des bustes du poète en saindoux chez les charcutiers et en chocolat chez les confiseurs, avec ces mots : *Feine Chokolade!*

çais et se dit prêt à sacrifier sa vie pour Sa Majesté Impériale. « N'aurai-je point mérité, comme étant le plus grand fanatique de Votre Majesté, quarante francs d'or, et cela en récompense de mes sympathies ? »

Le Dr ***Lœwenstein*** ne peut faire la dépense de 1.400 francs pour envoyer son fils compléter en France ses études médicales et obtient la somme demandée. Aussi, la prend-il avec enthousiasme : « Le soussigné, plein de respect, et sa famille prieront Dieu sans cesse de conserver la vie et la santé à Votre Majesté, car l'une et l'autre sont indispensables pour le bien-être de tout l'Empire. La vigueur extraordinaire et étonnante qui a su anéantir, comme la foudre, le désordre, l'embrouillement, la peine et la misère des habitants de l'Europe, cette vigueur qui, pendant cinq années, a répandu d'une manière presque surhumaine plus de bienfaits que les hommes les plus éclairés, les plus honorés et les plus célèbres ont pu répandre pendant leur vie entière, il faut, Sire, que cette vigueur soit sous la protection singulière de Dieu ! » (17 août 1857.)

Le professeur ***Vegges,*** d'Augsbourg, rappelle à l'Empereur qu'il a été son condisciple et qu'il n'y aurait pas pour lui de distinction plus grande que celle d'être jugé digne pour son service. Il lui offre son drame *Sélim III* et demande son entrée au

Théâtre-Français pour se perfectionner « dans le temple de Thalie ». L'Empereur lui fait répondre qu'il ne saurait intervenir à la Comédie-Française.

Adolf **Reichenbach** sollicite un exemplaire de l'Histoire de César comme signe du souvenir de leurs études communes « et quelques douzaines de ces fameux cigares que Sa Majesté daigne fumer ». Ce serait pour lui un amical supplément. « *So wäre das eine freundliche Dreingabe!* » Napoléon III a la bonté d'envoyer les cigares à cet indiscret fumeur bavarois.

Le coiffeur Théodore **Schneider** désirerait une place quelconque. Il a cinquante-quatre ans et jouit d'une bonne réputation ; quoique évincé, il renouvelle sa demande trois ou quatre fois. — **Schratz**, — **Stauer**, — **Thaeter**, — **Vincom**, — **Wideman** demandent des secours en remerciant Sa Majesté de les avoir exaucés.

Brolle, curé de Gronhausen, en Bavière, ancien condisciple du prince devenu Président de la République, et souvent honoré de ses bienfaits, désirerait bien obtenir une esquisse de sa vie, car il n'a pas perdu le souvenir des intéressantes journées passées avec lui à Augsbourg, « où, dit-il, nous animions à table et *inter pocula*, par des conversations intimes et tous les plaisirs de la jeunesse, les heures les plus heureuses de mon existence ».

Louis-Napoléon lui fit répondre par son chef de cabinet :

« Monsieur,

« Le Président de la République voulait vous écrire lui-même. Il vous aurait exprimé combien vos sentiments le touchent. Les affaires l'en empêchent sans cesse et il me charge de lui servir d'interprète. Il n'a oublié, Monsieur, ni les élans dévoués de votre jeunesse, ni vos entretiens, ni vos inspirations prophétiques, et les nouveaux témoignages de votre attachement ont donné un nouveau prix à ces souvenirs. Parmi les graves sollicitudes du rang où la Providence l'a placé, il pensera avec plaisir qu'un ami vertueux et fidèle prie tous les jours pour lui au pied des autels. Ne doutez point, à votre tour, Monsieur, dans votre pieuse retraite, et de sa reconnaissance affectueuse et de son désir de vous voir heureux. » L'excellent prêtre mourut en 1855, comme l'annonça à Napoléon le curé d'Inchenhofen.

La croix de la Légion d'honneur jouit d'une renommée toute particulière en Allemagne. Aussi, les demandes de cette croix sont-elles au nombre de plus de quarante, et encore nous ne connaissons pas toutes celles qui sont demeurées dans les chancelleries. Il y en a de bien curieuses, comme celle du conseiller **Bergmann** qui désirerait savoir s'il n'a pas le droit de porter la croix qu'il aurait reçue de la main d'un officier du général Régnier, mort en 1813, à 2 milles de Berlin.

Le chancelier **Braun** (1), rédacteur du *Hausund Familienbuch,* qui a écrit le roman historique du *Napoléon II* (2), puis *Der Genius der Menschheit* et *L'Étoile de la France, L'Impérialisme et l'idée du Congrès,* se dit appuyé par la *Revue des Deux Mondes* et demande la croix de chevalier le 23 juin 1864. Il se vante d'avoir composé un « traité sur la Connaissance du Beau » (3) dont le célèbre critique Menzel a affirmé que la définition du Beau faite par lui était « la plus remarquable depuis Aristote » !

Le Dr **Carus** réclame la croix que Napoléon Ier lui avait, dit-il, promise la veille de la bataille de Leipzig. — Un ancien capitaine de la Garde, Charles **Grünholtz,** ayant secouru vingt-deux Français pendant le bombardement de Vienne en 1848, sollicite également la croix. On la lui refuse, parce

---

(1) J. C. BRAUN VON BRAUNTHAL.

(2) *Napoléon II.* Roman historique, 2 vol. Prague et Hambourg, 1860. Publié sous le pseudonyme JEAN CHARLES, un autre roman de Braun : *Napoléon I. in Wien,* a paru à Vienne, également en 1860.

(3) *Geschmackslehre, oder Wissenschaft des Schönen* Vienne, 1866.

qu'on a appris qu'il avait fait faillite comme limonadier et entrepreneur de concerts. — Le lieutenant ***Ilzig***, envoie force vers à l'Empereur qu' « il adore de toute son âme » et demande la croix, qui lui est refusée. — Le gardien du tombeau de Carnot à Magdebourg, Louis ***Lohrengel***, présente trois feuilles de lierre à Sa Majesté comme symbole de la Foi, de la Charité et de l'Espérance et sollicite la croix « pour les soins prodigués par lui à ce monument ». — Le docteur ***Ludke*** la réclame aussi pour avoir conversé une journée à Lenzburg avec le Prince, futur empereur.

Le docteur ***Müller*** fait la même demande pour avoir offert un exemplaire de *Méditations* poétiques, religieuses et philosophiques (1), à Sa Majesté, « le plus ardent promoteur de toute inspiration scientifique ».

Le chambellan du roi de Bavière, le baron ***Seefried de Buttenheim***, qui a adressé à l'Empereur des félicitations pour la naissance du Prince impérial, serait très heureux d'obtenir cette décoration, — et le docteur ***Weiss***, ami de M. Acker, sollicite

(1) M. Muller, *Betrachtungen und Gedanken über verschiedene wichtige Gegenstände, vom religiös-politischen Standpunkte*. 3e édition. Carlsruhe, 1857. — Le même a écrit une brochure : *Der liebe Gott und Napoleon III*. Carlsruhe, 1860.

la même faveur pour son dévouement à la cause impériale.

Le baron **von Witzleben** la demande comme simple savant (1), — et le docteur **Zaillner** invoque pour cette distinction des cahiers écrits par le duc de Reichstadt et offerts par lui à l'Empereur.

Je laisse de côté bien d'autres sollicitations du même genre, dont le dénombrement et l'analyse seraient fastidieux.

*
* *

Arrivons aux savants. L'Empereur a écrit la *Vie de Jules César,* et cet ouvrage a attiré l'attention de toute l'Allemagne. Le philologue **Dressel** (2) réclame un secours pour les sources inédites qu'il a révélées à Sa Majesté sur la vie de César ; — le Dr **Kaltschmidt** (3), établi à Versailles, propose un dictionnaire universel sous ce titre *Panglotte-Napoléon* et demande une pension annuelle. Il offre de traduire le *Jules César* en latin. Il regrette de

(1) Sans doute A. von Witzleben, auteur de : *Genealogie und Geschichte des gesammten Fürstenhauses Nassau.* Stuttgart, 1855.

(2) A.-R.-M. Dressel. A publié le texte de *Patrum apostolicorum opera.* Leipzig, 1863.

(3) J.-N. Kaltschmidt, spécialiste en dictionnaires, dont plusieurs ont eu de nombreuses éditions et sont réédités de nos jours encore.

ne pas être membre de l'Institut, car le Dictionnaire de l'Académie se ferait bientôt, grâce à lui, « d'une manière radicalement fondamentale ».

Le consul Carl **Lorck**, qui a été chargé de traduire la *Vie de César* en danois, norvégien et suédois, sollicite 10.000 francs pour son travail. On le renvoie à l'éditeur Plon qui est chargé des détails matériels.

Le Dr **Ritschl** (1), de Bonn, prépare une traduction allemande du *César*, et s'exprime en ces termes : « J'ai travaillé pour l'auteur impérial, non point parce qu'il est empereur et que, sans aucun doute, aucun prince du monde n'en partage à un si haut degré que lui le jugement, l'esprit cultivé et le génie, — sans parler de sa puissance et de son influence, — mais parce qu'il s'est révélé comme un savant profond, intelligent, éloquent, pour lequel j'éprouve autant de sympathie que d'admiration ; car je ne doute pas que l'*Histoire romaine* de Mommsen, *cet exposé mesquin et rempli de fiel*, ne soit immédiatement relégué au second plan par l'œuvre de l'homme qui, tout en régissant les destinées du monde, arrive au plus haut point de vue, le plus grandiose et le plus équitable. »

(1) F. Ritschl est l'auteur de nombreux ouvrages sur l'antiquité romaine et l'éditeur de classiques latins.

Le Dr Rudolf **Schulze** avoue que, depuis qu'il a lu la *Vie de César,* « la meilleure partie de son être s'est absorbée dans la méditation de la vie et des actes de l'Empereur » et que ces études sont devenues pour lui une vocation entraînante.

Le prince **Guillaume de Bade** remercie chaleureusement l'Empereur de l'avoir honoré de la *Vie de César*. Il dit que cet ouvrage est un gage des sentiments que Sa Majesté renferme dans son cœur pour toute l'humanité et une preuve d'affection dont lui, personnellement, est fier d'avoir été l'objet.

Le curé **Beck,** de Stolpe, sollicite un exemplaire de la *Vie de César*. Sa lettre est écrite en latin. « *Scripsi autem has litteras sermone latino, quo probarem romanarum rerum me non prorsus ignarum esse.* »

Le Dr **Zumpt** déclare que l'auteur de *Jules César* surpasse par le talent et l'ampleur de son génie tous ceux dont le métier est de s'adonner à la science, et qu'un tel monument ne pouvait être élevé au plus grand des Romains que par un esprit aussi éclairé que celui de l'Empereur.

Le Dr **Helfferich** (1), professeur à l'Université

(1) A. Helfferich, auteur d'ouvrages de philosophie, de droit, d'esthétique, d'ethnologie, etc.

de Berlin, offre à Napoléon III une étude sur Jules César *Pontifex maximus*. — Le Dr **Bicking** présente un drame sur *Caton et César* (1) avec un poème en l'honneur de Sa Majesté.

Le musicien **Boettcher** s'extasie sur l'ouvrage de Sa Majesté, qui lui a inspiré la marche intitulée *Jules César* et destinée à l'armée française. — Le Kapellmeister Hans **von Bülow**, gendre de Liszt, dédie à l'Empereur une ouverture à grand orchestre sur Jules César.

Le Dr **Heller** envoie une étude sur les *Commentaires de César* au plus illustre de ses commentateurs.

C'est à qui, dans l'Allemagne savante, s'empressera de féliciter, de louer, de célébrer le monarque remarquable qui a su unir à une science profonde de la politique une érudition parfaite. Toutes les occasions sont saisies par ces docteurs, ces professeurs, ces écrivains, ces philosophes, ces publicistes, pour faire parvenir leurs écrits ou leurs louanges à l'Empereur.

C'est ainsi que Henri **de Sybel** (1817-1895), professeur à l'Université de Bonn, membre du Parlement de l'Allemagne du Nord, écrit au grand

(1) F. Bicking a fait aussi une tragédie : *Iphigeneia in Tauris*. Berlin, 1862.

chambellan : « Monsieur le Duc, S. M. l'Empereur a daigné me recevoir l'année dernière avec tant de bonté, et je lui suis tellement reconnaissant de m'avoir fait admettre à puiser aux différentes Archives de l'Empire, que je désire ardemment profiter de mon séjour à Paris pour présenter mes hommages à Sa Majesté. Je serais donc obligé à Votre Excellence si elle voulait avoir la gracieuseté de me faire obtenir une audience de l'Empereur. » (19 mai 1867.) Le même écrit encore : « Monsieur le Duc, j'ai trouvé aux Archives de l'Empire une lettre inédite, jusqu'à présent, du général Bonaparte. Tout ce qui provient du grand Empereur est important pour l'histoire de France : j'ose donc prier Votre Excellence de bien vouloir présenter de ma part à S. M. l'Empereur la copie ci-incluse de cette lettre... Veuillez agréer, etc. » (Bonn, 18 juillet 1867.) Puis Henri de Sybel s'adresse directement ainsi à l'Empereur : « Sire, au cours des recherches historiques que j'ai pu faire à Paris, grâce à la haute bienveillance de Votre Majesté, j'ai eu le bonheur de trouver une lettre du général Bonaparte, certainement inédite. Je l'ai rencontrée aux Archives de l'Empire, parmi la correspondance diplomatique du général Clarke. Écrite quelques jours avant la signature des préliminaires de Leoben, elle est très remarquable par plusieurs traits saillants et singulièrement caractéristiques. C'est Votre Majesté qui m'a mis à même de faire cette trouvaille intéressante. J'ose donc lui en présenter une copie, en faible témoignage de la profonde reconnaissance avec laquelle je suis le très humble, etc. »

Il faut remarquer que M. de Sybel, qui a écrit plus tard un important ouvrage sur *La Révolution française et l'Europe* (1), ne nous y a guère ménagés. Il est un exemple, avec Théodore Mommsen, de l'ingratitude des savants allemands. Tous deux ont eu sur les savants français le privilège de voir s'ouvrir devant eux toutes nos Archives et de se faire communiquer librement nos trésors littéraires. Ils s'en sont servis, en Teutons grossiers, pour nous insulter et pour exciter à la haine et au mépris contre nous et nos savants.

En juin 1866, Théodore **Mommsen** (1817-1903), professeur à l'Université de Berlin, adressait à l'Empereur un exemplaire du commencement de sa nouvelle édition des *Pandectes*, en le remerciant de la faveur extraordinaire dont il avait été l'objet, relativement aux manuscrits de la grande Biblio-

(1) *Geschichte der Revolutionszeit von 1789-1811.* 10 vol. Düsseldorf et Stuttgart, 1855-1879. A publié en 1873 une brochure : *Napoleon III.* Bonn.

thèque de Paris. Il ajoutait : « Si les sciences et les lettres, en général, ont un caractère international, et si tout le progrès du genre humain se résume dans le développement de cette belle internationalité, qui n'égalise pas les nations, mais qui leur enseigne de se comprendre, c'est-à-dire de *se respecter et de s'aimer,* tout ce qui se rattache au peuple romain, source commune de la civilisation actuelle, porte éminemment ce caractère international. » En outre, Th. Mommsen reconnaissait avoir touché sur la cassette de l'Empereur 500 francs destinés à être remis par lui à M. Walter, de Berlin.

« Cet érudit, remarquait Henri Bordier, avait récemment écrit dans les journaux de son pays pour nier énergiquement qu'il eût jamais rien reçu, « ne fût-ce qu'un franc », de l'ex-Empereur, et pour dire qu'il avait refusé l'indemnité offerte à raison de sa participation à l'édition des *Œuvres de Borghesi,* publiée aux frais de la cassette impériale : « Je n'aurais point donné cette explication, ajoutait Mommsen, si la presse allemande ne l'eût exigée de moi, car, pour les assertions de la presse française, je n'ai point de réponse à leur faire. Ce n'est pas seulement à cause de sa bêtise (*und nicht etwas blosz ihrer Albernheit wegen*)... mais une considération plus sérieuse m'impose le silence. Depuis la dernière guerre, le commérage parisien et la presse française, qui en est l'expression, se sont fait un système de donner cours à des faits mensongers et déshonorants s'ils étaient vrais, qu'on attribue aux savants allemands, qui sont connus et haïs en France. Pour ce qui me concerne, je pourrais, si je savais que cela en vaille la peine, mettre en avant d'édifiants exemples de pasquinades de ce genre... *Une opinion publique de la France, à laquelle les savants allemands puissent en appeler, il n'en existe plus !* De même qu'il paraît méritoire en ce pays de frapper à mort les Allemands qui s'y trouvent, de même c'est un acte de patriotisme de porter atteinte à l'honneur de ceux qui ne s'y trouvent plus, au moyen de calomnies qu'on élabore, soit en les inventant, soit en les répandant, soit en se taisant... » (3 janvier 1872.)

Déjà, avant cette lettre, parue dans la *Gazette de Voss*, un savant français des plus éminents avait cru devoir venir au secours de Th. Mommsen, en publiant, dans le *Moniteur universel* du 1er janvier, une lettre qui se terminait en ces termes : « ...Je dois à la vérité de déclarer qu'il est à ma parfaite connaissance que M. Mommsen n'a jamais touché, sous une forme quelconque, aucune pension, indemnité ou subvention de l'empereur Napoléon III. »

Ces déclarations octroyaient à Th. Mommsen le bénéfice d'une confusion dans les mots. Ce savant ne recevait aucune pension et n'avait touché aucune indemnité. Seulement, le caissier de l'Empereur lui remettait de temps à autre des sommes d'argent (environ 3.000 francs pour l'édition de Borghesi, par exemple), qu'il distribuait entre ses amis, élèves ou secrétaires berlinois, travaillant sous sa direction et au profit de sa gloire. Rien de plus légitime, de plus honorable, que de prendre part à une œuvre scientifique et d'en tirer un juste émolument. Rien même d'extrêmement incorrect à recevoir de l'Empereur (après l'avoir demandé) 500 francs pour quelque Allemand, nommé Walter ou autre. Mais n'est-il pas odieux, lorsqu'on est dans de tels rapports de courtoisie et de solidarité avec les savants français, lorsqu'on a brigué auprès d'eux l'honneur de s'entretenir familièrement avec le souverain du pays, lorsqu'on a dîné à sa table, qu'on a savouré ses faveurs, — de prendre la parole contre ceux dont la veille on serrait les mains, assis à leur foyer ?... Et quelle parole ! Dire, de ceux-là mêmes « que la belle internationalité enseigne de respecter, qu'ils vont tomber de la *blague* dans le désespoir » ; dire que « la saleté de la littérature française n'est comparable qu'à la saleté des eaux de la Seine à Paris » ; dire que « ce salon des Tuileries », où l'on a été accueilli, « était comme un salon du demi-monde » ; et ce ne sont là que les menus propos, les gaietés de cette haine germanique! Leur auteur était plus sérieux en signant les adresses de la municipalité de Berlin au roi Guillaume. Lui-même a bien senti le louche de la situation, lorsqu'il écrivait à l'un de nos académiciens, dans une lettre dont le journal *Le Moniteur* (12 janvier 1872) n'a cité que quelques lignes : « Je demande si votre Académie veut continuer ses rapports avec la nôtre, ou plutôt, car il s'agira de cela, remplacer à cet égard l'Empereur, *et si le public le souffrira...* » Cette lettre est du 13 mars 1871. Ainsi, après tout ce qui s'était passé, à peine le siège de Paris levé, l'illustre Allemand revenait à nous et se présentait de nouveau, radouci et obséquieux.

Et j'ajoute à ces justes observations de Henri Bordier que le même Mommsen, après avoir insulté la France dans ses deux lettres aux Italiens, est venu prier Renan de soutenir sa candidature à l'Académie des Inscriptions et Belles-Lettres, et que cette Académie a eu la faiblesse de l'élire le 24 mai 1895. Il est vrai que, devant les objections de quelques académiciens, Renan avait, en croisant ses mains, dit d'un ton pieux : « *Si iniquitates observaveris, Domine, quis sustinebit!* » et que l'Académie désarmée s'était mise à rire... Cela ne se passerait pas ainsi aujourd'hui, etn ous ferions à l'égard de

Mommsen ce que nous avons fait à l'égard des signataires de l'odieux Manifeste des 93. Nous l'aurions invité tout simplement à rester à Berlin en compagnie de ses humbles adulateurs (1).

Au temps du règne de Napoléon III, savants et professeurs allemands se multipliaient en flatteries de tous genres. Le professeur ***Buschmann,*** de Berlin, offrait huit volumes de ses œuvres à Sa Majesté sur les langues du Mexique et de l'Amérique du Sud, de l'Asie et des Aztèques (2). Il les mettait aux pieds du fondateur et protecteur de l'Empire mexicain et lui exprimait son admiration pour la régénération et le bonheur de ce pays. Il ajoutait à cet envoi le manuscrit du *Cosmos* de Humboldt et obtenait la croix de la Légion d'honneur.

Le Dr ***Eysell*** présentait son *Histoire de Jeanne d'Arc* (3), en espérant que son livre ne serait pas indigne de l'approbation du glorieux représentant de la nation française que couronnait non seulement

---

(1) L'œuvre capitale de Th. MOMMSEN est sa *Römische Geschichte*, en 5 volumes, dont le 4e n'a pas paru. Berlin, 1854-1883.

(2) L'ouvrage principal de J.-C.-E. BUSCHMANN est : *Die Völker und Sprachen Neu-Mexiko's und der Westseite des britischen Nordamerika's*. Berlin, 1858.

(3) *Johanna d'Arc, die Jungfrau von Orleans,* par G. F. EYSELL. Ratisbonne, 1864.

le diadème de la souveraineté, mais aussi le laurier de l'écrivain.

Le Dr ***Hirschius***, de Halle, offrait à l'Empereur son édition des *Décrétales*, pseudo-diodoriennes, composée d'après les plus précieux manuscrits des bibliothèques de France et manifestait les plus profonds sentiments de reconnaissance envers notre patrie. Cet écrivain sincère fait un profond contraste avec ses autres confrères qui ne louaient ni ne flattaient que pour obtenir des faveurs spéciales.

Le Dr ***Hüffer***, de Bonn, envoyait son ouvrage sur *L'Autriche et la Prusse sous la Révolution* (1). « J'espère, écrivait-il à Napoléon III, que Sa Majesté lira avec quelque intérêt l'histoire des célèbres négociations de Leoben et Campo-Formio commencées et conduites jusqu'à la fin par son glorieux prédécesseur. Dans tout ce que j'ai dit de lui, je n'ai cherché que la vérité historique. Je suis sûr que l'ensemble des événements le fera paraître à son grand avantage et j'espère que mon récit montrera l'admiration qu'on doit à son génie merveilleux. » On voit que, pour M. Hüffer, Bonaparte n'était pas « le Parvenu corse » que raillait naguère Guillaume II dit le Grand.

---

(1) *Oesterreich und Preussen gegenüber der französischen Revolution bis zum Abschluss des Friedens von Campo Formio*, par H. Hüffer. Bonn, 1868.

Le Dr *Pyl* adressait un document analogue sur la guerre de 1425, entre le Danemark et le Schleswig (1), « lequel, disait-il, pourra intéresser Sa Majesté, qui ne brille pas seulement entre les souverains de l'Europe par une politique grandiose et divinatoire, mais se place au premier rang par une intelligence scientifique remplie de génie ».

Le Dr *Scheerer* faisait don de trois mémoires écrits à l'occasion du jubilé de l'Université de Freiberg. « La science, déclarait-il, fut toujours un attribut des Napoléonides ! » Il faut admirer ce qui suit : « La force profondément pénétrante des sciences naturelles et la puissance terrestre du napoléonisme s'avancent simultanément dans l'histoire. Il n'y a pas de hasard. Il y a une série obéissant à la loi d'un développement immatériel. Ces deux maîtres, le matérialisme et le républicanisme, se rencontrent dans l'erreur et marchent ensemble dans la voie de l'illusion. Pour leur faire rebrousser chemin, avec la vérité réelle il était besoin de toute la plénitude du génie humain. Au napoléonisme il a été donné de vaincre la République ; aux sciences naturelles il appartient de vaincre le matérialisme. » Le baron de Forth-Rouen, ministre de France à

(1) T. Pyl a publié des études sur l'histoire de la Poméranie. Greifswald, 1867-1869.

Dresde, ayant, par je ne sais quelle complaisance, recommandé ces élucubrations bizarres, fit adresser par le Cabinet impérial de vifs remerciements à l'illustre professeur.

Un autre, le Dr *Stefanus*, proposait un projet de *Pasigraphie* ou langue écrite universelle. « Ruiné, disait-il, par la politique du comte de Bismarck », il sollicitait, en 1869, un emploi lucratif en France.

Faut-il citer encore d'autres professeurs, qui offraient leurs livres sur les guerres de Frédéric Barberousse en Italie, ou la traduction de la *Baguette Magique* de Davis, des œuvres musicales, des morceaux d'orgue, des poèmes, des manuscrits plus ou moins inédits, des compositions géniales et qui, en retour, demandent de l'argent pour venir en France ou pour continuer leurs recherches, ou pour avoir telles ou telles faveurs ?... La liste en est encore très étendue, mais ce que j'ai cité doit suffire.

*
* *

L'Impératrice n'était pas plus ménagée que l'Empereur. Que de vers, de livres, de morceaux de musique, d'hommages, de compliments, de fadeurs, de demandes ou recommandations adressés à la souveraine ! Que de compassions aussi pour les souffrances de l'Empereur et de remèdes efficaces adressés à sa noble épouse pour soulager et guérir le grand, le sublime monarque !

Que de requêtes pour obtenir le nom d'Eugénie en faveur de petites filles allemandes avec l'honneur de l'avoir pour marraine !... Pour la naissance du Prince impérial, ce fils de France, c'est un déluge, un débordement, une avalanche de poèmes, de sonnets, de lettres pompeuses et enthousiastes. L'un des auteurs, le professeur **Flecker**, a fait imprimer dans la *Gazette de Cologne* une pièce « qui lui a valu, dit-il, les félicitations de presque toutes les parties du monde » ! Il ajoute qu'il a d'autres poésies à offrir et qu'il est prêt à les publier, si on lui avance pour cela quelques milliers de francs.

Mme **Gerichtsnige** présente aussi des vers pour cette heureuse naissance et remercie l'Empereur de procurer à sa famille « un pain qu'elle abreuve tous les jours des larmes de sa reconnaissance » !

L'ancien bottier du prince Eugène se joint à tous les admirateurs du jeune Prince. Un ferblantier de Breslau, « disciple d'Apollon », décrit sa joie en vers bien étamés ; un télégraphiste de Dresde, « sentinelle avancée de la civilisation française », envoie ses félicitations enthousiastes ; un ouvrier israélite, né le même jour, à la même heure que le Prince, écrit : « Dieu a fait ce jour, jubilons et réjouissons-nous à cause de lui. » Il commente, comme s'il était un vrai chrétien, le *Hæc dies quam fecit Dominus* de la fête de Pâques.

Le négociant ***Lœwenstein*** se réjouit de constater qu'il lui est né une fille dans la même nuit que le petit Prince, et il saisit cette occasion pour déposer ses vœux sur les marches du trône.

L'écrivain ***Sauter*** espère que l'enfant de France sera le prince de la Paix et il lui envoie un produit de sa Muse. — Le baron ***von Buttenheim,*** filleul de Napoléon Ier, sollicite, à propos de cette heureuse naissance, la croix d'honneur. — Le conseiller ***Weissgerber*** (1), ancien professeur de philologie, a écrit une petite pièce sur la naissance du Prince impérial, pièce où figure Vénus. Le poète allemand a soin d'indiquer en note que Vénus était l'aïeule de César et aussi la mère des Grâces ! Il avoue enfin qu'un de ses amis littéraires et français lui a dit franchement que ce poème n'était pas digne d'être présenté à l'Empereur. Que ne l'a-t-il écouté ?...

Jugez-en !

(1) F. Weissgerber a, entre autres, étudié et traduit Théocrite. Fribourg, 1852 et 1858.

Poésie sur la naissance du Prince impérial.

LE XV ET LE XVI MARS

Le XV Mars ravit à un César la vie
Et puis au monde entier la paix était ravie ;
Le XVI Mars fit voir à César le jour,
Puis le monde fêtait de la paix le retour.
La fleur des descendants de la race sacrée
De Vénus, par un crime affreux fut massacrée;
Mais le dieu des Destins remplit son saint devoir
Pour réparer le mal... Car le mois (depuis noir),
Qui à la Mère ôta des neveux de sa race,
L'orgueil donna un fils, à la fille une grâce.
Dieu, bénissez ce prince et laissez-le servir
D'ange gardien de paix aussi pour l'avenir,
Vérifiant par lui ce grand mot que vous, Sire,
Avez dit que la paix a pour garant l'Empire !

Le poète badois ***Schultheiss***, auteur de *Poésies napoléoniennes* (1), offre à Sa Majesté une poésie sur *La Fusion*, qui me semble dirigée contre le parti

(1) F. Johann Philipp SCHULTHEISS a, d'autre part, consacré une brochure à *Palm, Buchhändler in Nürnberg, erschossen auf Napoleons Befehl zu Braunau am 26. August 1806*. Nuremberg, 1860. Sans doute ne s'en est-il pas prévalu à Paris.

orléaniste, mais, hélas ! bien obscure et d'une versification fantaisiste... En voici un spécimen :

Après la Presse, on doit pas nommer « la Fusion »
Dans une famille une simple réconciliation.
Mais pardonnez : les sociétés des mines, par exemple,
Font fusion pour gagner plus d'argent ensemble.
Ainsi Guizot et compagnie font fusion,
Et nos commerçants, avec une ancienne Maison.
Il ne s'agit pas de l'idée d'une cordiale alliance,
Il s'agit d'exploiter avec profit la France !

Il y a encore des vers de la colonelle ***von Munsch***, mais je crois que le lecteur ne les supporterait pas ! La *Kultur* allemande n'est décidément pas favorable à l'éclosion de bons vers français.

*
* *

Voici encore, pris au hasard dans la masse des pétitions adressées aux Tuileries, des exemples de l'ingéniosité des solliciteurs allemands. C'est un petit dossier complémentaire qu'il sera curieux de feuilleter.

Ludwig ***Abry***, de Brunswick, prétend que son père était un émigré français nommé Aubry et que, tout en étant Allemand, il n'y a rien d'étonnant à ce que « le sang français, qui est en lui, s'adresse à la grandeur d'âme de Sa Majesté l'Empereur ». Il possède des actions sur une mine de charbon allemande qui a cessé son exploitation, et il propose à Sa Majesté de les lui céder pour 80.000 thalers, afin qu'il soit à même de faire honneur à ses engagements. C'est pour rien... — Le sieur **Ahn** a des assignats qu'il voudrait bien convertir en argent, malgré le décret qui, en 1797, a liquidé et annulé ces papiers. — Le tireur ***Akagesser,*** de Munich, a gagné au tir d'Aussmarkt un portrait de Napoléon Ier. Il s'empresse de l'offrir en échange d'un petit emploi ou d'un crédit sur un banquier solvable. — Le pasteur ***Albert,*** apprenant que Sa Majesté souffre de la vessie, lui offre un petit raifort qui croît dans les marécages de Kremkau près Bismarck, en Saxe prussienne. C'est un remède souverain digne d'un monarque. — Le relieur Samuel ***Beran,*** qui a appris la maladie de l'Empereur, est sûr de le guérir en lui faisant boire dans de l'eau chaude une dent de cheval calcinée. — Le musicien ***Altfahrt,*** de Schattau, offre une polka pour laquelle il sollicite la faveur de porter la médaille d'or, qu'on lui a octroyée, « au bout d'un ruban sur sa poitrine » ! — Le receveur ***Anders,*** d'Ebersbach, est prêt à courir à Paris pour guérir l'Empereur, si on lui paie son voyage. — Le pauvre petit ***Arrenberg,*** de Berlin, va faire sa première communion en même temps que le Prince impérial et serait heureux d'obtenir des habits de fête. — Le receveur des Contributions de Diepholtz, *Asmus*, voudrait bien que l'Empereur daignât être le parrain de son fils... Ils sont au moins un millier d'Allemands qui ont sollicité la même faveur, mais Napoléon III s'excuse de ne pouvoir agréer tant de demandes.

Les trois directeurs de l'Association Stichania, ayant acquis à Augsbourg le petit théâtre de la reine Hortense et le considérant comme une précieuse relique pour la ville, supplient l'Empereur d'en payer les réparations nécessaires. Tout est prétexte à sollicitations; mais, chose extraordinaire! un négociant de Parrau, M. *Richmaier*, offre deux actions du Lloyd pour fonder un prix en l'honneur du Prince impérial, et naturellement on lui retourne ses deux actions. Son exemple n'est point suivi. C'est le seul libéral, en effet, que j'ai découvert dans cet amas de demandes et de requêtes suppliantes. La plupart, pour ne pas dire la presque totalité des pétitionnaires, continuent à solliciter de l'argent, des places ou des faveurs de tout genre.

Ainsi, c'est un commissionnaire de Darmstadt qui désirerait obtenir un prêt de 2.000 florins remboursable en huit ans; un professeur qui rappelle qu'un de ses ancêtres avait créé une fondation par laquelle les enfants mâles de la famille pourraient faire gratuitement leurs études à l'Université de Wittenberg, et les filles recevoir 300 thalers de dot. Il espère, en rappelant ce beau trait, obtenir une indemnité du Gouvernement français. C'est un chanteur poète de Leipzig qui veut créer un recueil périodique d'hymnes religieux et qui aurait besoin pour cela de 20.000 francs à 4 °/₀ d'intérêt. Il réduit ensuite ses prétentions et écrit : « Est-il possible que l'Empereur, pour la chose du Seigneur, n'aurait point à donner un petit revenu de 1.600 à 1.800 francs par an ? » C'est le sieur **Beckmann**, des environs d'Osnabrück, qui demande un lot pour la loterie de cet endroit et envoie en même temps une brochure intitulée : *Quel est le véritable ennemi de l'Allemagne ?*... C'est, paraît-il, la Prusse qui est cet ennemi redoutable.

Le fondateur de la société *Frédéric-Guillaume-Victoria* pour faciliter le mariage entre jeunes gens, réclame les faveurs impériales ; un docteur en droit veut fonder un journal pour mieux faire connaître la politique intérieure du Gouvernement français ; — la baronne **de Beert** ne demande pas moins de 34.000 francs pour venir au secours de ses parents, — et l'artiste en gymnastique **Bickleck** voudrait produire devant LL. MM. un chien savant qui a fait déjà l'agrément de plusieurs souverains !... Des fabricants de pipes de Lemgo prient l'Empereur de demander pour eux au Sultan quelques caisses d'écume de mer brute et, en attendant, lui offrent un brûle-cigare de leur invention.

Le sieur **Dralmann**, de Hambourg, envoie deux pierres météoriques qu'il a l'honneur de déposer aux pieds de Sa Majesté, qui n'aura qu'à les porter dans la poche de son gilet pour en éprouver les effets contre les douleurs rhumatismales. — Mme **Baillich**, de Kaschau, conseille pour le même mal deux bains aromatisés par jour. Un chimiste de Cologne viendra diriger le traitement, si on lui promet une subvention de 200 francs.

Frédéric **Buhse**, conseiller honoraire de Hesse-Cassel, soumet à l'Empereur un mémoire pour le développement de l'Europe sur le champ politique, social et religieux, et y joint l'indication d'un remède contre la maladie de vessie. Le Dr **Carl**, de Bruchweiler, croit être fort aimable en adressant la recette d'un spécifique contre la gale. — Le baron **de Butlov**, fils du préfet du palais du roi de Westphalie, — M. **de Carlowitz**, — Maurice **Christiani**, — **Cotta**, de Hambourg, — **Cranz**, d'Esslingen, — **Cyrus**, de Frauenstein, — **Dahnherr**, de Sparnek, — **Derchmann**, de Francfort, — **Deutger**, de Düren, — **Direnger**, de Heiligenberg, — la baronne **de Dietfurt**, — Wilhelm **Dütlein**, et cent autres, sollicitent, sans en donner la raison, des pensions ou des secours.

Le Dr **Debrung** possède seul les arcanes ou secrets de la guérison d'arthritisme qu'il fera connaître pour 500 napoléons d'or, — et le chirurgien **Dempe** est prêt, lui aussi, à révéler « son évangile scientifique ».

Develey, de Munich, offre deux portraits ayant appartenu à la reine Hortense, à un prix que le chargé d'affaires de Munich estime trois fois au-dessus de leur valeur.

Le marchand **Dœderlein,** de Nuremberg, est disposé à remettre au Prince impérial quelques-uns de ses pains d'épice renommés, si on lui facilite son voyage à Paris pour lui et ses compagnons. — Un ancien soldat des armées impériales, François **Knoll,** de Kambruch, demande des secours comme père de neuf enfants et grand-père de trente-sept petits-fils. Il envoie une poudre de sa composition pour préserver les troupes mexicaines de la fièvre jaune.

Le philologue Albert **Dressel,** qui a rédigé quelques notes sur la vie de César, presque aveugle et père de trois enfants, réclame un peu d'argent pour le tirer d'une peine cruelle. — Le baron **d'Essendecker,** ancien Wurtembergeois, voudrait obtenir une position quelconque auprès de l'Empereur, afin de passer le reste de sa vie à Paris.

Le Dr Maximilien ***Enger*** [1], de Cologne, poète et arabisant, s'estimerait heureux si Sa Majesté lui accordait une place dans un établissement d'instruction, même en Algérie. — La maison ***Farina***, de Cologne, voudrait avoir le titre de fournisseur de Leurs Majestés. On lui accorde cette faveur que d'autres maisons allemandes avaient également sollicitée.

Un propriétaire de Munich, Joseph ***Friederich***, qui a la joie d'avoir des révélations divines, offre à l'Empereur les révélations des esprits saints dans l'année 1855 et les révélations de l'archange Raphaël. C'est l'un des nombreux Allemands dont les pétitions encombrent le cabinet du secrétaire de l'Empereur. — Un conseiller municipal de Stettin présente une carabine perfectionnée et demande qu'on lui achète son brevet, puis finit par solliciter un secours.

Fritzsche, de Neustadt, expose à Sa Majesté que, resté orphelin, il a fait choix d'une vertueuse jeune fille, mais que, n'étant pas riche, il désirerait avoir les objets de toilette dont l'Impératrice ne fait plus usage, « sa fiancée étant tout heureuse, quand elle peut se montrer tout habillée » !

---

(1) A publié à Bonn, en 1851 : *De vita et scriptis Maverdii commentatis.*

Mlle *von Friedrich*, qui se dit héritière du maréchal Molitor dont elle voudrait posséder la succession, demande et obtient un secours. — La comtesse *Fugger*, de Neudendorf, qui était jadis admise aux soirées de la reine Hortense, se dit dans l'isolement et la pauvreté, et réclame quelque argent. — Le facteur d'orgues *Creiger* implore, lui aussi, un secours, et le secrétaire écrit en note de sa pétition : « Qu'il s'adresse à la légation de son pays ! »

C'est la réflexion que toutes ces demandes innombrables amènent sur les lèvres du lecteur. Pourquoi tous ces solliciteurs, tous ces mendiants ne demandent-ils pas à leur roi, à leurs princes, à leurs riches compatriotes les secours dont ils ont besoin ?... Fallait-il que la réputation de générosité de l'empereur Napoléon III fût répandue dans le monde pour lui attirer un tel flot de requêtes !

Mais tous ces gaillards, exaucés ou non, ne se découragent pas. Ils emploient toutes les formes de la mendicité pour toucher le cœur impérial. Maladies diverses, pauvreté absolue, faillites, nécessités de tous genres, billets de loterie, voyages indispensables, revers de fortune, perte d'un bras ou d'une jambe, poésies inspirées par des événements mémorables ou livres composés de ce sujet, morceaux de chants en l'honneur du Génie qui gouverne la

France, félicitations intéressées, offre de petits cadeaux, comme des reliques mêlées à des rasoirs, recettes variées, remèdes prodigieux, conseils politiques, mariages, naissances, morts, etc., tout cela est mentionné avec des implorations, des gémissements capables de faire pleurer un crocodile. Il n'est pas jusqu'à un confiseur de Schwed, qui est en même temps marchand d'écrevisses, qui ne se mêle à toute cette bande grotesque !

Un menuisier, ***Herhager***, de Dellneim, a trouvé une formule admirable dont il espère merveille. Il invoque un service qu'il aurait rendu à Napoléon en 1838 et il écrit : « Pour ce que j'ai fait pour vous étant en bas, que ferez-vous pour moi étant en haut ?.. » Et il obtient le secours demandé. J'aime mieux, décidément — ce sera le second exemple et peut-être le dernier — le conseiller de la Commission royale prussienne, Jean ***Hof***, qui félicite l'Empereur de sa politique, dont il est, paraît-il, le partisan dévoué, et qui lui envoie 300 francs destinés à l'Orphelinat du prince impérial. Ceci est peu de chose, mais étant donné tout ce que ses compatriotes ont demandé, c'est beaucoup. N'oublions pas aussi ceux qui se contentent d'offrir des vers à Napoléon — comme le conseiller des Finances, Frédéric ***von Kobbe***, qui a traduit Schiller et qui ajoute à sa traduction une grande épître qui commence ainsi :

O noble souverain, c'est la belle gratitude
Qui m'entraîne à vous dire que dans ma solitude
Rien ne soit comparable à ce charme bienfaisant
Qui prend sa source dans votre cœur souvent bien-
[veillant !

J'en pourrais citer d'autres, mais restons sur ceux-là !

Mais j'allais oublier les vers latins... Réparons cet oubli et rappelons que le curé d'Unterrieden a envoyé ce quatrain latin au Prince impérial :

Omnia quæ magnam possunt offerre salutem
In festum magnum sint tibi vota mea !
Tu semper felix vivas valeasque perenne,
Gratia tecum sit sæpe benigna Dei !

« Que tous mes vœux dans cette grande fête t'apportent le salut suprême ! Vis toujours heureux ! Porte-toi éternellement bien et que la grâce bienfaisante de Dieu soit souvent avec toi ! »

Ce n'est pas bien extraordinaire, mais enfin la mesure y est, et nos anciens élèves de rhétorique n'eussent peut-être pas fait des vers meilleurs. En tout cas, et ceci est à l'éloge de l'auteur, son adresse ne mentionne aucune demande de secours. Le fait est assez rare pour qu'on le souligne.

*
* *

Si nous examinons enfin quelques épîtres de hauts personnages, nous aurons montré avec quelle abondance les Allemands répandaient sur les Tuileries leurs requêtes, leurs sollicitations, leurs prières et leurs importunités. C'est une parente de Bismarck, veuve d'un ancien officier allemand au service de la France, Mme **von Bismarck**, qui écrit à l'Empereur :

« Sire, la veuve d'un ancien officier de votre glorieux oncle, Napoléon le Grand, ose se prosterner au pied du trône de Votre Majesté pour y déposer un petit ouvrage contenant la biographie de son mari, décédé subitement par un coup d'apoplexie à l'âge de soixante-dix ans, qui l'a frappé dans un chemin de fer, et qui l'a laissée dans un cruel dénuement. La haute réputation d'humanité et de grâce infinie que répand Votre Majesté autour d'Elle, la fait espérer qu'Elle daignera accepter cet hommage rendu aux mânes du grand Empereur, l'*idole de son mari défunt*. Lorsqu'en 1805 le prince régnant d'Issenburg, colonel au service de la France, organisa des prisonniers de guerre autrichiens en un régiment d'infanterie pour le service del a France, son mari, oubliant qu'il était sujet prussien, sollicita du service auprès du maréchal Berthier qui le renvoya au prince d'Issenburg, lequel le fit premier lieutenant du 3e régiment d'étrangers pour le service de la France, avec la promesse qu'il serait nommé capitaine au bout de quatre semaines. Après la paix de Tilsit, lorsque l'Empereur établit le royaume de Westphalie, il devint sujet du roi Jérôme et eut le bonheur d'assister à son entrée solennelle dans la ville de Cassel.

« Son mari, qui, par des malheurs inouïs, a perdu toute sa fortune, qui, à l'âge de soixante-dix ans, aveugle, se trouva dans un dénuement complet et se vit réduit à dicter sa biographie (1) pour avoir de quoi vivre, avait toujours manifesté le désir de la dédier à Sa Majesté Impériale. S. M. le roi de Prusse qui a également daigné accepter le susdit ouvrage, et la pauvre veuve, sans nul moyen d'existence, sans pension, ose espérer que Sa Majesté ne repoussera pas la prière de la plus infortunée des femmes. Elle formera des vœux pour la conservation des jours précieux de Sa Majesté et de sa glorieuse famille et adressera au ciel les prières les plus ferventes qui soient jamais sorties du cœur d'un être humain, et a l'honneur de signer de Votre Majesté Impériale la plus humble et obéissante servante

« MINNA DE BISMARCK.

« Rue de Schrosdorf, n° 4, à Magdebourg, le 14 juillet 1856. »

---

(1) Friedrich Wilhelm VON BISMARCK, *Aufzeichnungen*. 1re éd. 1847 (3 thalers). — 2e éd., faite avec les laissés pour compte de la 1re éd. Carlsruhe, 1850 (2 thalers).

Le Dr **Boetticher,** petit-neveu du baron Teodor de Neuhof, demande l'autorisation de porter les insignes de l'ordre de la Libération fondé par son grand-oncle et motive sa demande ainsi : « Votre Majesté conçoit ce que c'est d'avoir un parent illustre. Mon oncle a développé un héroïsme et une énergie dignes d'un meilleur sort, et le ministre anglais, Lord Walpole, a dit de lui : *That his claim to the Kingdom were at great as any monarch's in modern Europe !* »

Le baron Otto **von Braunecker** a composé un poème pour la glorieuse naissance du petit prince et sollicite une audience pour le lire et pour entendre la berceuse qui l'accompagne.

Le savant F. **Dubner** est impatient de présenter à Sa Majesté les hommages de son cœur reconnaissant pour la pension de 1.800 francs qui lui a été accordée en 1866 et qui sera la plus belle et la plus honorable récompense de sa vie. — Le Dr **Eichholz** (1) a écrit, de 1864 à 1870, vingt lettres à l'Empereur pour affirmer son dévouement à sa dynastie et supplier en même temps sa générosité. Il espère que le souverain récompensera ainsi l'aîné de ses fidèles.

Le baron **de Eisendecker,** frère d'un ministre

(1) E. Eichholz est l'auteur de : *Die bundesstaatlich-constitutionnelle Fraction auf dem Reichstag des norddeutschen Bundes.* Hanovre, 1867.

de la Diète germanique, sollicite un emploi auprès de l'Empereur à Paris, car il est « habitué à vivre dans le meilleur monde » !

Mme ***von Erfurth*** désire se marier avec l'écrivain Alexandre Hirchfeld, mais sa famille refusant son consentement, parce que le fiancé n'est pas noble, elle supplie Sa Majesté de vouloir bien l'élever à l'état de noblesse.

Le baron ***de Gablenz***, député prussien, voudrait établir dans Paris des kiosques où l'on débiterait pendant l'été des boissons gazeuses glacées, afin de moraliser le peuple en l'éloignant du cabaret.

Mme ***de Goeler-Ravensburg***, fille d'une baronne qui adorait Napoléon Ier, sollicite 3.000 francs pour rétablir l'état précaire de ses finances.

La comtesse B. von G..., née von X..., au couvent de N... en Bavière, adresse, le 20 mars 1868, une supplique éplorée à l'Empereur. Elle est sœur de la duchesse de Z... Séparée du comte de G... son mari, elle s'est rendue d'une maison de charité à une autre, sans y trouver de satisfaction pour son esprit, ses goûts et le salut de son âme. Elle est entrée ensuite dans un cloître de Bavière comme surveillante d'infirmerie. Mais le découragement l'envahit de nouveau et le ton froid qui règne dans ce cloître fait souffrir son cœur. Elle désire en sortir au plus tôt et demande à l'Empereur une place d'intendante dans un de ses châteaux ou de directrice indépendante dans une maison de charité, ou comme femme de chambre de l'Impératrice. Elle serait heureuse de mettre ses hommages « aux pieds de Sa Majesté dont elle baise les mains » ! La demande de l'humble comtesse B. von C... ne fut pas accueillie.

Le capitaine G. ***von Hasselholdt-Stockheim*** adresse à l'Empereur une étude historique sur les luttes politiques des Wittelsbach contre les Brandebourg de 1459 à 1465 (1) et désire obtenir un secours pour achever son œuvre. Napoléon III fait répondre que ne pouvant venir en aide à tous les auteurs français, autant qu'il le désirerait, il n'a pu exaucer sa requête.

Le baron ***von Hermsdorf***, très recommandé par le prince Charles de Prusse, désirerait être consul général d'Espagne ou directeur général de l'émigration allemande en Algérie, puis avoir une concession de 90.000 hectares en ce pays. L'Administration demande du temps pour faire un sérieux examen de cette requête...

Le prince ***de Hohenlohe-Langenburg*** remercie l'Empereur de sa bienveillante intervention en fa-

(1) *Kampf der wittelsbacher und brandenburgischen Politik in den Jahren 1459-1465*. Leipzig, 1865.

veur du mariage du prince qui a été célébré le 21 février 1861.

Hermann ***Holtze,*** secrétaire de l'Amirauté du royaume de Prusse, réclame un prêt de 500 thalers en échange de trois obligations de l'ancien royaume de Westphalie.

C. ***Hambourg,*** rédacteur en chef des *Pariser Nachrichten,* sollicite l'appui impérial pour favoriser cette publication, dont le but est de rapprocher les deux nationalités allemande et française.

Le capitaine ***von Hopper*** fils, décoré par Napoléon Ier pendant la campagne de Russie, demande le paiement des arrérages et le rétablissement de sa pension de légionnaire, supprimée par les Bourbons.

Le comte ***Kalckreuth,*** directeur de l'Académie de Weimar, désirerait obtenir la commande d'un tableau.

La comtesse Natalie ***von Kulmandegge,*** dame honoraire de l'ordre de Thérèse de Munich, rappelle à l'Empereur qu'elle l'avait vu à Rome pendant le carnaval et que sa calèche a été inondée de violettes et d'autres fleurs. Elle a conservé une amitié bien sincère au prince Louis, mais les tracasseries de société ont interrompu le commerce intime de sa mère avec la duchesse de Saint-Leu. « Pour vous parler de moi, Sire, ma vie aussi a été des plus agitées et traversée par des événements bien tristes et pénibles. Née luthérienne, j'ai eu le grand bonheur d'entrer dans le sein de l'Église catholique. Depuis ce moment, ma fille m'a reniée. J'avais espéré avoir la vocation religieuse ; l'essai que j'en ai fait m'a convaincue décidément que non. » Elle en vient à sa requête, qui est de recommander à Sa Majesté 80.000 à 100.000 Allemands, jeunes et pauvres, qui sont venus à Paris chercher un morceau de pain par leur travail. Étrangers aux habitudes et à la langue du pays, luttant contre la misère, ils sont exposés à tomber en proie à la dépravation et au communisme. Elle supplie l'Empereur de fonder une paroisse allemande et des écoles allemandes pour ces infortunés. Le sous-chef du cabinet de l'Empereur répond très courtoisement que le projet de fondation qu'elle recommande ne peut être accueilli.

Le D[r] ***Kiefer***, de l'Université d'Iéna, remercie le prince Napoléon, Président de la République Française, d'avoir contribué à l'érection du monument du célèbre nationaliste Oken ; mais ce n'est point assez : « L'abeille qui sent le miel retourne aux sources du miel. Nous, académiciens allemands, nous sommes les abeilles qui récoltons le miel des sciences où nous en découvrons une source. Vous en possédez une dans le livre intitulé : *Collections* *orientales,* 1836-1841. L'Université d'Iéna n'a pas les fonds pour payer les frais de 628 francs, mais c'est la prérogative de la haute puissance d'écarter toutes les difficultés par un mot. Il ne vous coûterait que ce mot et la bibliothèque d'Iéna pourrait se vanter de posséder dans ses perles orientales un trésor. Veuillez prononcer ce mot et pardonnez aux abeilles mellifères la franchise de cette préparation que votre bienveillance pour la mémoire de M. Oken daignera excuser. Que Dieu vous protège ainsi que la belle France ! »

Friedrich ***Krupp,*** fabricant d'acier fondu à Essen, présente à l'Empereur, en avril 1863, un atlas qui contient une collection de dessins de divers objets exécutés dans ses usines. « Je me livre à l'espérance, dit F. Krupp, que les quatre dernières pages qui représentent les canons en acier fondu que j'ai exécutés pour les divers hauts gouvernements de l'Europe, pourraient attirer l'attention de Votre Majesté et excuseront mon audace. » Lisez attentivement la réponse du cabinet impérial : « L'Empereur a reçu avec beaucoup d'intérêt l'atlas que vous lui avez adressé, et Sa Majesté a donné l'ordre de vous remercier de le lui avoir communiqué et de vous faire connaître *qu'Elle désire vivement le succès et l'extension d'une industrie destinée à rendre des services notables à l'Humanité !* »

On sait quels notables services rend à l'Humanité l'usine Krupp...; mais, ceci dit, comment ne pas s'étonner que les directeurs de l'artillerie française aient négligé les propositions de Frédéric Krupp ? En 1867, je me souviens avoir vu à l'Exposition les produits de la célèbre usine allemande et remarqué surtout un énorme canon d'acier se chargeant par la culasse. J'ai raconté, dans mon ouvrage sur les *Causes et Responsabilités de la guerre de 1870,* comment le Comité d'artillerie de la place Saint-Thomas-d'Aquin préféra le canon de bronze rayé se chargeant par la bouche au nouveau canon et cela, malgré les désirs de l'Empereur, qui, sur sa cassette, avait remis une somme importante au colonel Reffye pour son canon se chargeant par la culasse. On sait aussi quelles conséquences fâcheuses amena le rejet de ce canon, et combien aussi nous avons eu à déplorer, au début de la guerre de 1914, l'absence d'artillerie lourde. Le général Langlois avait préconisé le *Pom-Pom,* petit canon de tranchées, qui fit merveille dans la guerre russo-japonaise. On ne l'écouta pas plus que les autres inventeurs, et l'on se contenta, la guerre venue, de recourir au petit mortier du temps de Louis-Philippe. Nous avons à présent réparé cet oubli ou cette erreur néfaste, mais il ne faudrait pas toujours attendre le péril pour savoir ce qu'il convient de faire utilement, ainsi que le disait récemment un de nos meilleurs généraux.

Le baron ***von Rathen,*** inventeur d'une machine à air comprimé, convaincu qu'il est le seul homme à qui Dieu ait confié le secret de faire les habitants du monde prospères et heureux, demande, pour lui permettre de vivre et de terminer son invention pour le bonheur de la France, une avance de 20.000 francs. Lė poète Belmontet appuie cette demande et affirme que M. de Rathen a une tête géniale. « On dirait Galilée regardant le ciel!... »

Joseph ***Rawicz de Zdebinski*** sollicite un emploi quelconque à la Cour impériale. — Mlle Hedwije ***von Reithlen-Maldegy*** pourrait assurer son bonheur et son avenir par son mariage avec le comte de Reischuch, si elle avait une somme de 18.000 francs à lui apporter. — La comtesse ***von Rothstein*** sollicite une allocation de 500 francs; — la baronne ***von Rüpplin*** expose sa triste situation. La mort de sa mère l'a laissée pauvre et sans appui.

Le publiciste badois Gustave ***von Sandken*** désirerait obtenir la protection de Sa Majesté pour sa femme, ses deux fils et la patrie allemande. « Ce n'est pas légèrement que j'ajoute ce dernier mot, dit-il; je crois en effet que ma patrie allemande ainsi que moi-même (peut-être que nous avons été trop longtemps un peu trop idéals) nous avons tous les deux un peu besoin de la protection réelle de Votre Majesté. » Ainsi, c'est non seulement pour les siens, *mais pour la patrie allemande,* que von Sandken sollicitait la protection de l'Empereur. On était loin, à cette époque, de la mégalomanie prodigieuse qui nous étonne et nous écœure tant aujourd'hui.

La princesse **de Sayn-Wittgenstein** implore une avance de 1.000 écus pour cinq ou dix années. « C'est la première fois, dit-elle, dans toute ma vie, que je demande quelque chose pour moi, et il n'y a pas de monarque dans le monde auquel j'aime à m'adresser qu'à vous, Monseigneur, qui êtes aussi noble que chevaleresque... » Elle réitère cette demande de même plusieurs fois, mais sans aucun succès.

Martin-Schmidt se dit « fils naturel de Napoléon Ier » et, en sa qualité de Napoléonide, réclame la permission d'être admis une heure auprès du Prince impérial et celle de visiter le *tombeau de son père!...*

Le baron **von Spilcker-Schauenbourg** saisit l'occasion de la naissance du Prince impérial pour rappeler qu'il appartient à l'une des premières familles de Hanovre et qu'il a servi sous le premier Empire dans les armées impériales. Il sollicite les moyens d'acheter un petit ameublement pour ne plus être la victime d'une hôtesse qui tient des chambres garnies !

Le prince **Erich Waldeck et Pyrmont** vient de faire la connaissance de la jeune baronne Constance de Falkener, fille aînée du prince François de Hesse-Philippstahl. « La jeune dame, dit-il naïvement, m'a fait une impression si agréable, que je regarderais comme un bonheur pour moi et d'une grande importance, si Votre Majesté Impériale daignait ordonner que le nom de baron et de baronne Falkener fût assuré authentiquement, afin que mon cousin le prince régnant de Waldeck et Pyrmont puisse donner son consentement à mon mariage. » Il est répondu au pétitionnaire qu'il ait à procéder par voie de requête au Conseil d'État.

La baronne Élisa **von Welden** sollicite divers secours de l'Empereur et obtient successivement des sommes allant de 500 à 1.000 francs. — Une troisième baronne, Olga **von Wessemberg,** dont la famille a connu le prince Louis-Napoléon au château d'Arenenberg, réclame 7.500 francs pour payer une dette urgente, puis rabaisse ses prétentions à un secours immédiat de 3.000 à 4.000 francs.

Le major Carl **von Wellinger,** directeur de l'arsenal de Germersheim, sollicite un secours pour acheter une petite terre et, afin de motiver sa requête, envoie au Prince impérial un petit poème où il l'appelle : « Ange précieux d'une liaison tendre et sublime ! » Pour un peu il solliciterait d'orchestrer le poème sur le motif de Faust : *Anges purs, anges radieux !*

La colonelle ***Cecilia*** envoie à l'Empereur un exemplaire de sa douloureuse biographie et, rappelant que sa grand'tante était au service de Joséphine, implore un don de 3.000 francs.

Un ancien député de l'ordre des chevaliers de Bramberg, Louis ***Wustemberg,*** rappelle que, le 6 juin 1812, l'empereur Napoléon, se rendant à Danzig, s'arrêta quelque temps dans sa propriété. Wustemberg a fait élever en 1835 un obélisque à cet endroit. Ce monument a besoin de réparation et le coût s'en élève à 100 thalers. Après quinze demandes, il obtient deux fois la somme de 600 francs.

La baronne ***Zollner von Brand,*** de Culm, restée veuve avec trois enfants, sollicite un don qui lui permette de payer ses dettes...

Arrêtons là ces citations, car, s'il fallait mentionner les multiples demandes de tous ces barons et baronnes d'Allemagne, on soumettrait la patience du lecteur à une trop rude épreuve.

*
* *

Finissons par quelques lettres curieuses de la famille princière des Hohenzollern, la famille régnante aujourd'hui. La princesse ***Joséphine de Hohenzollern*** écrit de Dusseldorf, le 18 juin 1866, à l'Empereur, pour le remercier d'avoir facilité à son fils l'accès de la principauté de Roumanie, malgré la Russie et l'Angleterre. « Mon cher Cousin, j'ai été longtemps combattue entre le désir de vous écrire et la crainte de Vous importuner en vous parlant de tout ce qui m'a si profondément agitée, troublée même dans ces derniers mois. Tout en me sentant pressée de recourir à Vous, de recommander mon fils Charles à Votre bienveillant intérêt, j'ai dû céder à un sentiment de délicatesse et me résigner à garder le silence. Je comprenais qu'en principe Vous ne pouviez donner un encouragement direct à la résolution qu'il a prise. Mais si j'ai pu le laisser partir sans trop de craintes, c'est que j'étais soutenue par l'intime conviction que nous pouvions compter sur Votre bienveillance et que Votre sympathie était acquise à une résolution qui partait d'un élan généreux, et que soutenait et fortifiait la pensée de la protection que vous avez toujours donnée à la cause de la Roumanie. Maintenant que, grâce à cette auguste protection, les Puissances garantes ne sont plus aussi hostiles à mon fils, je viens Vous en remercier, mon cher Cousin, et solliciter pour lui Vos conseils, Votre appui. Daignez l'aider, le soutenir dans la tâche sans doute bien difficile à laquelle il s'est voué avec toute la chaleur de son jeune cœur.

« Permettez-moi d'ajouter à cette prière l'assurance que jamais il n'aurait pris cette décision, s'il n'avait été intimement convaincu qu'elle ne Vous déplairait pas. Cette conviction était celle des Roumains eux-mêmes. Ils vous doivent trop de reconnaissance pour avoir persisté, ainsi qu'ils l'ont fait, dans leur résolution, s'ils avaient pu craindre qu'elle dût encourir Votre désapprobation. Pendant longtemps, je m'étais flattée de l'espoir de venir à Paris et de vous remercier plus vivement que je ne saurais le faire en Vous écrivant. J'avais tant à cœur d'offrir mes hommages à S. M. l'Impératrice et la remercier de toutes les bontés dont Elle a daigné, comme Vous, combler Antoinette et Léopold pendant leur séjour aux Tuileries. En vous offrant l'expression de ma vive, de ma profonde reconnaissance, j'aurais pu Vous parler de mes sollicitudes maternelles, des espérances que nous mettons en Vous, en vos constantes bontés. Malheureusement, je dois renoncer à ce qui m'eût rendue si heureuse ! Nous voici au milieu d'une guerre dont nous ne pouvons mesurer les dimensions. Charles a la triste tâche de devoir défendre les provinces du Rhin et de la Westphalie contre l'Allemagne du Midi. Il se joint à moi pour Vous prier de trouver dans ces lignes l'assurance de tous les sentiments qui nous pénètrent et de daigner en faire agréer l'hommage à S. M. l'Impératrice. Nous osons espérer qu'Elle appuiera ma prière auprès de Vous. *C'est avec le plus tendre attachement* que je suis pour toujours, mon cher Cousin, Votre bien dévouée cousine Joséphine. »

Il semble inutile de revenir sur des faits historiques que tout le monde connaît et de redire combien l'intervention de Napoléon III fut utile au futur roi de Roumanie ; mais il est piquant de rappeler avec quelle humilité ces Hohenzollern imploraient l'appui de l'Empire dont ils devaient comploter la ruine. Ce n'était pas de l'or, il est vrai, qu'ils demandaient comme tant d'autres, mais de multiples faveurs et tous les honneurs du pouvoir.

Le prince **Léopold de Hohenzollern** ne manquait pas, lui aussi, une occasion pour offrir à l'Empereur l'expression de son dévouement absolu. C'est ainsi qu'il écrivait de Dusseldorf, le 11 juin 1866 : « Votre Majesté a daigné accepter, il y a quelques années, l'ouvrage de M. **Tahne** sur « les Dynasties westphaliennes », et vient d'honorer l'auteur d'une lettre flatteuse qui l'autorise à offrir à Votre Majesté le résultat de ses recherches sur l'étendue des lignes romaines (*Grenzwälle*) dans les contrées du Bas-Rhin dont il a donné le tracé sur la carte actuelle des provinces rhénanes. M. Tahne m'a demandé de faire parvenir ce travail à Votre Majesté. Je m'en acquitte en prenant la liberté de nous rappeler, Antoinette et moi, ainsi que notre famille, au gracieux et bienveillant souvenir de Vos Majestés et de rester avec le plus profond respect, Sire, de Votre Majesté, le très obéissant serviteur et neveu, Léopold de Hohenzollern. » Certains critiques pourraient ne voir ici qu'un hommage respectueux ; mais il y a plus. Ces Hohenzollern ne manquaient alors aucune occasion de se rappeler aux bontés de l'Empereur, car ils avaient tant besoin de lui !

Enfin, un membre d'une branche collatérale, ***Rossignol d'Astorg,*** oncle du prince de Hohenzollern-Sigmaringen, premier ministre de Prusse, sans fortune et père de cinq enfants, présenté en 1852 à l'Empereur et nommé commissaire de surveillance administrative des chemins de fer français, ne s'est élevé au commissariat de 1re classe que par ses bons services. Les appointements étant insuffisants, il sollicite, le 13 mars 1859, Sa Majesté pour obtenir le grade d'inspecteur... On voit que les Hohenzollern n'avaient pas encore les ambitions excessives qui amenèrent cette famille à seconder les desseins perfides de M. de Bismarck et du roi Guillaume. Tant que l'Empereur paraît jouir en France et en Europe d'une situation privilégiée, ils s'inclinent devant sa puissance, lui prodiguent leurs fades compliments et l'assurent de leur respect, de leur dévouement, de leur attachement même. Ils rappellent leur parenté avec la dynastie impériale et s'en enorgueillissent devant toute l'Europe.

Que de princes, que de hauts seigneurs, de comtes, de barons, de grands personnages, ont, de 1852 à 1869, offert ainsi à l'Empereur leurs hommages, leurs éloges, leurs adulations! C'était presque une tradition, car un de nos plus féroces ennemis, l'historien Heinrich von Treitschke, remarquait lui-même que déjà, sous le premier Empire, ses compatriotes rivalisaient de courtisanerie à l'égard de Napoléon Ier et de la France. Il avait trouvé dans un cabinet d'autographes, à Cologne, des lettres extraordinaires de l'Électeur de Bade et du landgrave de Fürstenberg et de Hesse, du prince d'Isenburg, du duc Friedrich de Mecklemburg, de la princesse régente de Œttingen-Waltenstein, du Sénat des villes libres de Brême, Lubeck et Augsbourg qui faisaient assaut de respect, de vénération, d'admiration, de reconnaissance et d'attachement envers le grand Empereur. Le prince de Hohenzollern-Hechingen, entre autres, priait le Ciel « de prolonger à Sa Majesté Impériale des jours aussi brillants de gloire que précieux pour l'Empire français, pour les gouvernements voisins et particulièrement pour les États germaniques » !

Le farouche Treitschke s'indignait, en 1872, de toutes ces flagorneries. « N'est-il pas certain, disait-il, que toute l'Europe (y compris la Prusse) a contribué à créer cette fameuse vanité du peuple français ? Inutile d'insister. La vieille honte est désormais lavée et expiée. Le temps où de braves Allemands, comme Karl Friedrich de Boden et le vieux Lampe, bourgmestre de Brême, pouvaient mettre leurs noms au bas de pareilles lettres, nous apparaît aujourd'hui comme un mauvais rêve ! »

Eh bien ! dussions-nous troubler le repos des historiens qui ont succédé à l'austère et impitoyable Treitschke, nous nous flattons, grâce au formidable dossier réuni par la Commission d'enquête sur les papiers des Tuileries et par Henri Bordier en 1872, d'avoir remis en leur vraie lumière les flatteries, les adulations, les supplications, les requêtes et les demandes incessantes d'argent, d'honneurs, de titres, de faveurs de toute sorte adressées à Napoléon III par les plus humbles citoyens de la Prusse comme par ses plus hauts personnages.

L'Allemand n'est pas seulement, ainsi que le démontre cette affreuse guerre, un être menteur et perfide ; c'est aussi, quand son intérêt l'y pousse, un être servile. « Sous un régime sans honneur, disait je ne sais quel écrivain, tout le monde tend la main ; les villes comme les individus sollicitent. »

Mais il vaut mieux finir par le mot terrible de Montalembert, qui s'applique à cette race affamée et insatiable, honte et calamité du monde entier : « Un peuple de solliciteurs est le dernier des peuples. »

LISTE ALPHABÉTIQUE

DES

QUÉMANDEURS ALLEMANDS

TABLE DES MATIÈRES

NANCY, IMPRIMERIE BERGER-LEVRAULT — DÉCEMBRE 1916

LA GUERRE — LES RÉCITS DES TÉMOINS

Charleroi. *Notes et impressions,* par FLEURY-LAMURE, correspondant de guerre français du *Times* en Belgique. Préface de Gérald CAMPBELL, correspondant spécial du *Times.* 18e édition. 1916. Volume in-8, avec portrait, 2 fac-similés et 5 cartes . . . . 1 fr. 50

Avec les Français en France et en Flandre. *Impressions vécues d'un aumônier attaché à une ambulance de campagne,* par OWEN SPENCER WATKINS, aumônier aux armées anglaises. Traduit par Henri et Jeanne DUPRÉ. 6e édition. 1915. Volume in-8, avec portrait et 7 planches . . 2 fr

Six Semaines à la Guerre. *Bruxelles, Namur, Maubeuge,* par la duchesse DE SUTHERLAND. 6e édition. 1915. Volume in-8, avec 9 planches hors texte, 2 fac-similés et 1 carte . . . . 1 fr. 50

Feuilles de route d'un Ambulancier. *Alsace, Vosges, Marne, Aisne, Artois, Belgique,* par Charles LELEUX. Complétées d'après le Carnet de route du Dr Henri LIÉGARD. Préface de M. René DOUMIC, de l'Académie Française. 10e édition. 1916. Volume in-8, avec 13 illustrations hors texte. . 1 fr. 50

La Victoire de Lorraine. *Carnet d'un Officier de Dragons.* 16e édition. 1915. Volume in-8, avec 6 illustrations et 1 carte, broché . . . . . . 1 fr. 25

Carnet de route d'un Officier d'Alpins. 1re série : *Août-septembre 1914. En Lorraine. La bataille de la Marne.* 10e édition. 1916. Volume in-8, avec 6 gravures et 1 carte hors texte, broché. . . . . 1 fr. 50

— 2e série : *Octobre à décembre 1914. En Argonne. Sur l'Yser. En Artois.* 1916. Volume in-8, avec 3 gravures et 3 cartes hors texte. . . . 1 fr. 50

La Croix des Carmes. *Documents sur les combattants du bois Le Prêtre,* par Jean VARIOT. 1916. Volume in-16 jésus, avec 5 dessins de l'auteur. 2 fr.

Journal de Campagne d'un Officier de ligne. *Sarrebourg. La Mortagne. Forêt d'Apremont,* par le capitaine RIMBAULT. Préface de Maurice BARRÈS, de l'Académie Française. 1916. Volume in-12, avec 8 illustrations et 3 cartes, broché . . . . 3 fr. 50

Morhange et les Marsouins en Lorraine, par R. CHRISTIAN-FROGÉ. Préface de J.-H. ROSNY aîné. 1917. Volume in-12, avec 16 photographies et 4 cartes . . . . 3 fr. 50

Sur le Front russe, par Stanley WASHBURN, correspondant de guerre du *Times* près les armées russes. Traduit de l'anglais par Paul RENEAUME. 1916. Volume in-8 de 160 pages, avec 25 photographies hors texte de George H. MEWES . . . . 3 fr. 50

L'Évasion. *Récit de deux prisonniers français évadés du camp d'Hammelbourg,* par D. BAUD-BOVY. Préface de Maurice MILLIOUD, directeur de la « Bibliothèque universelle ». 1917. Volume in-12 avec 15 illustrations. 3 fr. 50

Parmi les Ruines (*De la Marne au Grand Couronné*), par Gomez CARRILLO. Traduit de l'espagnol par J.-N. CHAMPEAUX. 4e mille. 1915. Volume in-12 de 387 pages, broché . . . . 3 fr. 50

Le Sourire sous la Mitraille. *De la Picardie aux Vosges,* par E. Gomez CARRILLO. Traduction de Gabriel LEDOS, revue par l'auteur. 1916. Volume in-12 . . . . 3 fr. 50

Une Visite à l'Armée anglaise, par Maurice BARRÈS, de l'Académie Française. 1915. Volume in-16 jésus de 120 pages. . . . . 1 fr. 25

La France en guerre, par Rudyard KIPLING. Traduit de l'anglais par Claude et Joël RITT. 7e édition. 1916. Vol. in-16 jésus, avec 2 photogr. 1 fr. 50

Sur l'Air de « Tipperary ». *Contes et Récits de la Grande Guerre,* par Julien FLAMENT, rédacteur en chef du *Cri de Liège,* infirmier militaire. Préface d'Émile VERHAEREN. 6e édition. 1916. Volume in-12. . . . . 90 c.

NANCY, IMPRIMERIE BERGER-LEVRAULT

www.ingramcontent.com/pod-product-compliance
Ingram Content Group UK Ltd.
Pitfield, Milton Keynes, MK11 3LW, UK
UKHW031926260826
14628UKWH00003B/1449